INWALD

Kim Falkenberg

Romowe

Der Verlag.

Romowe. Der Verlag

(c) Romowe . Der Verlag und Heiko Piller
Alle Rechte vorbehalten.
All rights reserved.
ISBN: 978-3-946557-14-2
Autor: Kim Falkenberg
Umschlaggestaltung, Illustration: Romowe / Hagen Ernst Grafik: Pixabay

Bibliografische Information der Deutschen Nationalbibliothek:
Die Deutsche Nationalbibliothek verzeichnet diese Publikation in der
Deutschen Nationalbibliografie; detaillierte bibliografische Daten sind im
Internet über http://dnb.d-nb.de abrufbar.
Verlagsseite im Internet: www.romowe.de

Vorwort

Verehrte Leserschaft,

dies ist meine erste Erzählung, an der ich die Technik der Kurzgeschichte anwende. Als ich ungefähr vierzehn Jahre alt war, bekam ich ein Buch geschenkt. Es war, glaube ich, zu Weihnachten, vielleicht auch zum Geburtstag. Das Buch war von H.G. Wells und hieß „Der Apfel vom Baum der Erkenntnis". Diese Geschichten haben mich fasziniert.

Ich denke noch heute an diese Geschichten und könnte jede einzelne wiedergeben. Natürlich nicht wortgenau, aber zumindest eine Inhaltsangabe, die könnte ich machen. Später kamen Geschichten von Poe (Hopp-Frosch), Henry James (Das Durchdrehen der Schraube), Stephen King (Nachtschicht) und sogar vom guten alten Winston Churchill (Auf der Suche nach Schrödingers Katze) dazu. Es füllten Bücher, voll mit Kurzgeschichten, mein Bücherregal.

Und auch, wenn die Unterhaltungsliteratur immer ein Schmuddel-Image beibehalten hat: Die Kurzgeschichte hat mich immer interessiert. Die Erzähltechnik, der sogenannte „Eisbergkomplex", das Erzählen in Metaphern, die bissige Gesellschaftskritik, das Komprimieren von Umwelt und Charaktere auf die Hauptperson, und so weiter. Es gibt viele Merkmale, die eine Erzählung ausmachen. Ich habe versucht, den „Zauber" der klassischen Kurzgeschichte einzufangen und in die heutige Zeit zu übertragen.

Romowe. Der Verlag

Herausgekommen ist eine Charakterstudie über einen *„Scheißkerl, dem der Scheiß ausgetrieben wird"*. Und ich habe sie vor allem geschrieben, um Euch, liebe Leser, zum Nachdenken und zum Schmunzeln zu bringen. Keine Angst, lernen tut Ihr hier nichts.

Kim Falkenberg

Denk an den Wind

Ob wir´s erlitten, ob verschuldet

Vergangnes ist nicht abgetan.

Ob losgekämpft und ungeduldet

Es folgt im Stillen unsrer Bahn

Dem Überraschten naht es leise,

Heut mit verklärender Gewalt,

Und morgen tritt´s in unsre Kreise

Verkehrt zu wilder Mißgestalt.

(Otto Roquette)

Er schwitzte. Diese Hitze hier schien ihm unerträglich. Das ganze Bier konnte sein Befinden nicht verbessern, im Gegenteil, es schien es zu verschlimmern. Aber er trank trotzdem. Er hatte vor, sich zu betrinken, sich ein Taxi zu rufen und dann nach Hause zu fahren. Morgen war Sonntag, er konnte ausschlafen. Ja, er konnte den ganzen verdammten Sonntag durchschlafen, wenn er wollte.

Aber hier würde er noch eine Weile ausharren. Eigentlich waren Diskotheken noch nie sein Ding und jedes Mal, wenn er sich in einer verirrte, wusste er auch, warum nicht. Die Musik war viel zu laut, tanzen tat er prinzipiell nicht und das Bier war oftmals so kalt, dass es ihm auf den Magen schlug. Aber ein Job war halt ein Job. Und sein Auftraggeber erwartete ein Ergebnis.

Seit drei Jahren versuchte sich Ansgar nun mit seinem Job als Privatdetektiv über Wasser zu halten. Über Wasser zu halten war die richtige Bezeichnung. Den Job hatte er sich lukrativer vorgestellt, als er damit anfing. Weitaus lukrativer. Aber die Auftragslage war unregelmäßig und wenn ein Auftrag kam, war der Klient oft genauso abgebrannt wie Ansgar selber und Ansgar sah sich schnell genötigt, von seinen ursprünglichen Honorarvorstellungen abzuweichen und diese den Bedürfnissen der Auftraggeber anzupassen, bevor er *überhaupt* nichts verdiente. Aber verdammt, er wollte nicht den Rest seines Lebens in einem beschissenen Bürojob sein Lebensunterhalt verdienen, ständig vom Chef den Stiefel im Nacken und sich womöglich tagtäglich rumkommandieren lassen. Er war jetzt 36 Jahre alt und hatte definitiv nicht vor, so zu *enden,* wie all die Looser um ihn herum. Wenn er ehrlich war, musste er zugeben, dass er gar keine Loser kannte, er kannte überhaupt nicht viele Menschen. Aber er hatte eine genaue Vorstellung davon, wie so ein Loser sein Dasein fristen musste. Mit wenig Geld, einen Arschloch als Vorgesetzten und einer Ehefrau, die einem die verbliebene spärliche Freizeit auch noch zur Hölle machte, so dass man seinen fünfzigsten Geburtstag höchstwahrscheinlich bei den anonymen Alkoholikern verbringen musste, sofern man nicht vorher an einem Schlaganfall gestorben war. *Ihr könnt mich alle mal,* dachte Ansgar grimmig und nahm einen Schluck Bier.Sein derzeitiger Auftraggeber, welcher der Grund war, warum er nun in dieser stickigen Disco sich seine Ohren betäuben musste, war ein Loser, wie er im Buche steht. Wahrlich ein Oberloser. Ansgar schätzte ihn auf Ende fünfzig. Der Mann stellte sich als Reimond Behr vor. Reimond war ein dickbäuchiger, glatzköpfiger Kettenraucher. Er war schon seit elf Jahren geschieden und hatte beschlossen, ein neues Leben anzufangen. Dieses neue Leben hieß Sandra Korn. Sie war Mitte zwanzig, sportlich, gutaussehend und mit diesem Loser von Reimond liiert.

Ansgar und Reimond trafen sich nach dem ersten Telefonat in einem Cafe. Eigentlich hatte Ansgar gar kein Geld für Cafe-Besuche, hoffte aber, dass sein Klient ihn einladen würde. Das tat dieser auch. Nachdem beide sich vorgestellt hatten und Platz genommen hatten, bestellten beide einen Kaffee. Reimond kam schnell zum Geschäftlichen.

„Sie ist ständig unterwegs" beklagte sich Reimond. „Wissen Sie, wie das ist, wenn man nachts auf jemanden wartet, wobei man schon ahnt, das diese Person womöglich eh nicht nach Hause kommt und es eigentlich klüger wäre, sich in die nächste Kneipe zu setzen und sich volllaufen zu lassen?"

Ansgar nickte verständnisvoll. Er hatte keine Ahnung, wie es war, nachts auf jemanden zu warten, es war ihm auch egal. Aber er war nicht dumm und wusste, wie er auf sein Gegenüber reagieren musste. Es war ihm schleierhaft, was so eine Schönheit, wie auf dem Bild, sich mit so einem Fettsack wie diesem Reimond Behr abgeben konnte. Dieser Typ hatte anscheinend genug Kohle und diese Sandra war clever genug, das Spiel mitzuspielen.

„Ich will Antworten" sagte Raimond und fummelte sich eine filterlose Zigarette aus einem silbernen Etui. Er bot Ansgar eine an.

„Danke" sagte Ansgar, zündete sich die Zigarette an und inhalierte tief. „Was erwarten Sie? Was soll ich machen, sie überwachen?"

„Das wäre der Anfang", kam die Antwort seines Gegenübers. „Sie geht abends gerne mit einer Freundin in eine Bar, dort trinken die Beiden, bevor sie in eine Disko fahren. Nur von dort aus, kommt sie meistens nicht nach Hause, erst am nächsten Tag und nur dann, wenn ich sie anrufe."

Fast tat dieser Mann Ansgar leid, was er aber gleich wieder beiseite schob. „Sind Sie ihr mal gefolgt?" wollte er wissen. „Dann wüssten Sie doch, wo sie nachts hingeht."

„Wenn ich ihr folge, bemerkt sie es und kommt nach Hause", sagte Reimond verächtlich, drückte die Zigarette im Aschenbecher aus und winkte ab. „Nein, das kann nur jemand machen, den sie nicht kennt. Ein Unbekannter, wie Sie."

Ansgar nickte zustimmend. „Ich schicke Ihnen die Vertragsbedingungen zu. Sobald sie unterschrieben haben und das Honorar auf mein Konto eingegangen ist, erledige ich den Job" Ansgar zückte eine Visitenkarte. *Ansgar Wilhelm, Privatdetektiv, Tel. 0156478324* stand darauf. Reimond Behr nahm sie entgegen und holte ebenfalls eine Karte aus seinem Portemonnaie und überreichte sie Ansgar. Ansgar steckte sie, ohne draufzuschauen, in sein Portemonnaie.

Nachdem Reimond versprach, die Rechnung unverzüglich zu begleichen, verabschiedeten sie sich. Ansgar versprach, ihm die Auftragsunterlagen unverzüglich zuzusenden. Reimond versprach ebenfalls, das anfallende Honorar schnellstmöglich zu überweisen. Als Ansgar die Hauptstraße entlang nach Hause fuhr, überlegte er, welche Inhalte er seinem neuen Klienten vertraglich präsentieren könnte. Er hatte vor der Fahrt eine CD von Rod Steward eingelegt. Die Musik ging allerdings nach dem ersten Lied schon auf die Nerven und er entschied, daß Lemmy Kilmister der einzig wahre Rock n Roller sei. *Alles andere sind nur Weicheier.* Zufrieden mit seiner Feststellung über Rock n Roll, und dankbar, rechtzeitig eine Motörhead – CD eingelegt zu haben, bog er in die Einfahrt zu seiner Mietwohnung ein und parkte den Wagen direkt vor der Haustür. Es gab zwar einen Parkplatz, aber *diese Kommunisten* von der Stadtverwaltung wollten natürlich auch dafür Geld haben. Natürlich konnte man sich einen Parkausweis für Anwohner holen, dieser kostete aber ebenfalls Geld. Allein der Gedanke daran trieb Ansgar die Zornesröte auf die Wangen.

Zuhause angekommen, machte er sich ein paar Brote, trank ein Glas Wasser und rauchte. Während er sich eine zweite Zigarette anzündete, überlegte er, welches Honorar er für diesen, zugegeben, einfachen Job verlangen würde. Er beschloss, es bei den üblichen Honorarabrechnungen zu belassen. Dieser Reimond Behr schien zwar nicht am Hungertuch zu nagen, *verdammt, er hatte genug Geld, einen Privatdetektiv für sein kleines Flittchen zu engagieren,* auf der anderen Seite schien der Job einfach und er wollte sich auch keinen Ruf als Abzocker zulegen. Und die gab es in seiner Branche zuhauf, oh ja, sehr zuhauf sogar.

Der Rest war schnell erledigt: Ansgar setzte einen Standardvertrag auf, Reimond Behr bezahlte das vereinbarte Honorar und reif ihn sogar am gleichen Tag nochmal an, das das Geld überwiesen sei. Sie telefonierten noch einmal, weil Ansgar Details über das Mädchen brauchte. „Ich schicke Ihnen alles mit der Post", versprach Reimond. Das tat er dann tatsächlich. Zwei Tage später kam ein Briefumschlag ins Haus, mit Fotos und persönlichen Daten einer gewissen Sandra Corn. *Und sie war hübsch, verteufelt hübsch.* Ansgar konnte sich nicht erinnern, jemals so ein hübsches Mädchen gesehen zu haben. Er konnte jedenfalls durchaus nachvollziehen, dass der fette Sack dieses Mädchen nicht einfach so schnell vergessen wollte. Er war vernarrt in sie und als Ansgar sich die Fotos anschaute, konnte er es verstehen. Auf diesem Foto war sie noch schöner, als auf dem ersten Foto, welches er vor ein paar Tagen im Cafe gesehen hatte. Sie hatte lange blonde Haare, sie hatte strahlend blaue Augen und ein noch Strahlenderes Lächeln. Ansgar starrte wie hypnotisiert auf das Foto. Dieses Mädchen würde er unter tausenden sofort wiedererkennen. Er beschloss, sich umgehend auf die Suche zu machen.

Eines der Fotos zeigte sie in einem Bistro, *eat Lucky*, gemeinsam mit einer anderen jungen Dame, *vermutlich ihre Freundin*, wie ihm Reimond am Vorabend noch erklärte. Ein anderes Foto zeigte sie in einer Diskothek, *Tanzhotel*, wo sie in einer Gruppe mit jungen Leuten stand. *Diese Typen wollen ihr vermutlich alle an die Wäsche*, jammerte Reimond am Telefon. „Heute ist Samstag, sie wird bestimmt ausgehen wollen", erklärte Raimond ihm. Eine kurze Suche im Internet ergab, das beide Lokale, das Bistro, *eat Lucky*, *(Ansgar hatte schon schlimmere Namen für ein Lokal gehört)*, sowie das *Tanzhotel* beide am anderen Ende der Stadt lagen.

Es war jetzt 15 Uhr. Er schaute Fernsehen. Eine Psycho-Talk-Show erzählten noch krankere Menschen von ihrem Leben. Natürlich, wie sollte es anders sein, handelte es sich um sexuelle Probleme, die diese Menschen hatten (oder auch nicht hatten), heulten herum, schimpften aufeinander und fielen sich irgendwann dankbar schluchzend in die Arme. Ansgar stöhnte, beschloss dennoch, keinen Alkohol zu trinken, obwohl ihm danach war. Er hörte Musik, schaltete sie wieder ab und schaute weiter fernsehen. Er war dankbar, als es 18 Uhr war und er den Fernseher ausschaltete. Auf dem Weg zu seinem Golf zündete er sich eine Zigarette an, warf sie aber nach ein paar Zügen schon weg, stieg in seinen Wagen und fuhr los. Zum anderen Ende der Stadt.

Eine halbe Stunde später erreichte er das *eat Lucky*. Dieser Schuppen, ja es war ein Schuppen, war ganz anders, als er erwartet hatte. Drinnen herrschte gedämpftes Licht. Der ganze Innenraum war in einem leichten, aber dennoch intensiven Rot getaucht. Ansgar erinnerte es zuerst, an ein getarntes Freudenhaus, aber dazu passte die Atmosphäre nicht. Und überhaupt...hier passte gar nichts. Die Musik kam nicht von einem Lautsprecher, sondern eine Liveband spielte am Rande des Bistros (oder was immer das hier war). Merkwürdig war, dass sie immer das gleiche spielten. Ja, sie spielten nicht nur immer den gleichen Song, was schon schräg genug gewesen wäre, sie spielten immer den gleichen Rhythmus. Der ganze Sound war monoton und eintönig. Er musste eintönig sein, da er sich immer wiederholte. Ansgar dachte zuerst an einen Scherz, ging zur Bühne und zuckte zusammen. Die Band selbst bestand aus drei Mitgliedern. Die Sängerin, eine blonde Frau mittleren Alters, Ansgar schätze sie auf Ende vierzig bis Anfang fünfzig, sang nicht, sondern schaute verträumt ins Leere. Sie schien Ansgar nicht im Geringsten zu bemerken, als er sich vor die Bühne stellte und die Band beobachtete. Auch der Gitarrist, sowie der Schlagzeuger schienen ihn nicht zu bemerken. Das mochte an den schwarzen Sonnenbrillen liegen, die sie trugen, aber irgendwas stimmte ganz und gar nicht. Ansgar beschloss, es dabei zu lassen, setzte sich an einen der leeren Tische und wartete auf die Bedienung. Währenddessen schaute er sich in dem Bistro, oder was immer das hier war, um, in der Hoffnung, das Mädchen hier zu sehen. Die Besucherzahl war überschaubar. Etwa fünf junge Leute standen am Tresen, rauchten und tranken Bier aus Flaschen. Und trotz der Dunkelheit, die hier herrschte, bemerkte er schnell, dass diese Sandra Corn hier nicht zu finden war. Was ihn auch gewundert hätte, *ein junges Mädchen in so einem Schuppen*, dachte er so bei sich. Bevor er aufstand, um zu gehen, kam schon die Bedienung, eine Frau, Anfang vierzig, schätzte Ansgar und fragte nach seinem Wunsch. „Was darf`s sein?" fragte sie. Ihr Ton war unfreundlich, ihre Stimme rau und krächzend. Ihre Augen, sie hatte große schwarze Pupillen, durchbohrten ihn. „Was du trinken willst", krächzte sie nochmal. „Ein Bier", erwiderte Ansgar, ein wenig verstört. Die Band spielte währenddessen unaufhörlich ihren gleichen Rhythmus. *Wenn diese Penner nicht gleich aufhören zu spielen, knall ich diese dämliche Sängerin von der Bühne,* dachte er so bei sich. *Sie singt doch sowieso nicht.* „Wir haben kein Bier" krächzte die Bedienung. „Das hier ist ein anständiges Lokal, Alkoholiker wollen wir hier nicht." Ihre Stimme wurde lauter. Sie schrie jetzt förmlich. Wie eine Kettensäge klang sie. „Dann nehme ich halt ein Kaffee, scheiße nochmal", schrie Ansgar jetzt wütend zurück. „Und was soll das Theater, die anderen dort trinken auch Bier". „Ein Kaffee?" die Stimme der Bedienung klang jetzt ein wenig amüsiert. „Och, jetzt will er einen Kaffee, der kleine Alkoholiker" fauchte sie. Ansgar hatte genug. *Was ist das hier nur für ein Schuppen,* dachte er verstört und stellte sich hin, um den Laden zu verlassen. „Oh, ich weiß, was Du willst, krächzte die Bedienung. „Und sie weiß es auch, oh ja, sie weiß es. Und sie kennt Dich mittlerweile. Wir alle kennen Dich." Währenddessen spielte die band ihren immer gleichen Rhythmus, die Sängerin schaute immer noch wie hypnotisiert ins Leere. Er schaute zum Tresen, wo die anderen Gäste standen. Eine der jungen Frauen hatte sich vor einem stämmigen, tätowierten Kerl gekniet und hielt ihr Gesicht vor seinem Schritt, wobei ihr Kopf rhythmische Bewegungen vor und zurück machte. Die anderen jungen Leute schauten desinteressiert durch die Gegend und tranken ihr Bier. *Was zum Teufel ist hier los,* dachte Ansgar bei sich. *Was ist das hier für ein scheiss Schuppen!* „Kaffee mit Milch?" krächzte die Bedienung. Ein Grinsen überzog ihr Gesicht. „Was meinen sie….wer kennt mich", sein Frage war mehr an sich selbst gerichtet. „Kaffee mit Milch?" wiederholte die Bedienung grinste dabei noch breiter. „Ich denke, ich sollte gehen" flüsterte er und griff nach seiner Jacke. Ihm war warm geworden, im ganzen Lokal, oder was immer das hier war, schien die Temperatur anzusteigen. Er nahm die Jacke an sich und bewegte sich zur Tür, drehte sich noch einmal um und schaute zur Bühne. Die Band stand weiterhin wie angewurzelt, die drei Gruppenmitglieder starrten ins Leere. Weiter hinten stand der stämmige Kerl immer noch am Tresen, während das Mädchen vor ihm kniete. „Kaaaffeee" schrie die Bedienung. „Es gibt Kaffeeee mit Milch!" Sie schrie durch den Laden, von den Gästen weiterhin unbemerkt. Er stolperte zur Tür, schritt ins freie und versuchte, einen klaren Gedanken zu fassen. Während er auf dem Parkplatz stand, griff er mit zitternden Händen zu seiner Marlboro-Schachtel, erwischte endlich eine und zündete sie an. Er inhalierte tief und versuchte das Erlebte zu verarbeiten. *„So ein Dreckschuppen",* dachte er sich. *„So ein mieser, versiffter Drecksschuppen."* Eine Hand legte sich auf seine Schulter. Ansgar schrie auf. Er schnellte herum und blickte in das Gesicht einer alten Frau. Alt war untertrieben, sie war schon scheintot. Ihr Gesicht war von tiefen Falten übersät, ihre trüben Augen blickten ins Leere und ihre trüben Augen blickten ihn an. *„Sie muss blind sein",* dachte Ansgar. „Was gibt`s?" schrie er hysterisch.

„Alles wird gut", sagte die alte Frau. Ansgar schaute sie verdutzt an. „Was? Verdammt, sind denn hier alle irre geworden?" „Alles wird gut" wiederholte sie. Dann ließ ihre knochige Hand seine Schulter los und sie trottete mit langsamen Schritten in die Richtung, aus der Ansgar gekommen war. Langsam öffnete sie die Tür und verschwand im Bistro. Ihm wurde schwindelig. Er beugte sich leicht nach vorne und hielt sich an der Motorhaube seines Wagens fest. Eine Weile stand er so und hielt die Augen geschlossen. Dann ging er um den Wagen herum, öffnete die Fahrertür, stieg hinters Lenkrad und fuhr davon.

Er fuhr eine ganze Weile, ließ sich von dem Verkehr treiben, hing seinen trüben Gedanken nach. Das Erlebnis im Bistro kam ihm derartig surreal vor, dass das Erlebte ihm wie ein Traum erschien. An diese schreckliche Bedienung konnte er sich nur noch schemenhaft erinnern. Es war fast, als hätte er alles nur geträumt. Er erinnerte sich, dass er vor zwei Tagen eine Ecstasy – Tablette genommen hatte. Daraufhin hatte er kaum geschlafen. Das hier musste so eine Art Flash-Back sein. Er hatte schon viel darüber gelesen. *Ich hatte einen Flashback*, dachte er bei sich. *Es war ein Flashback!*

Er hielt an der nächsten Tankstelle an. Er sehnte sich, nein er schrie nach einer Flasche Bier. Er parkte den Wagen am davor gelegenen Parkplatz und schaute auf die Uhr. Sein Herz schien auszusetzen. Es war 22 Uhr. 22 Uhr! Als er dieses Bistro, oder was auch immer dieser Drecksschuppen sein mochte, erreichte, war es 18.30

gewesen. Er erinnerte sich genau, wie er auf sein Handy schaute, wo es 18.32 anzeigte, als er auf die Bedienung wartete. Die Zeit, die er im Bistro verbrachte, kam ihm nicht länger als eine Stunde, wenn überhaupt, vor. Das musste bedeuten, er war drei Stunden durch die Stadt gefahren! Er lehnte sich zurück, kramte eine Zigarette vor, schloss die Augen und überlegte. *Was ist los mit mir*, dachte er. *Ich bin total übermüdet und bilde mir schon irgendwelche Sachen ein.* Er stieg aus, ging in die Tankstelle, kaufte eine Flasche Red Bull (nach Alkohol stand ihm momentan nicht der Sinn), dazu eine Packung Lucky Strike. „Ist alles in Ordnung?" fragte der junge Mann an der Kasse. „Natürlich, danke." Antwortete Ansgar, verstaute die Schachtel, nahm die Dose Red Bull und verschwand. Auf dem Weg zu seinem Auto wunderte sich Ansgar immer noch, dass ausgerechnet ein ihm völlig unbekannter Tankstellenkassierer ihn nach seinem Wohlbefinden fragte. Solche Sachen verwirrten ihn. Früher hatten sie ihn nicht verwirrt, er beschloss aber, sich keine weiteren Gedanken darüber zu machen. Er hatte vor, endlich diese Disko zu finden, wo dieses Mädchen angeblich verkehren würde. Ja, das Mädchen musste er nun finden. *Sobald ich dieses Flittchen gefunden habe, ruf ich den Kerl an, kassier die Kohle und mach einen schönen Urlaub,* dachte er bei sich. Er dachte an Thailand. Ja, das wäre nett. Kleine geile Nutten, die sich ihm an den Hals werfen würden. Er öffnete die Dose Red Bull und nahm einen tiefen Schluck. So langsam fühlte er sich besser. Er versuchte, sich die Ereignisse aus dem Bistro *eat lucky,* noch einmal ins Gedächtnis zu rufen. Was war das nur für eine Freak Show, dachte er, mittlerweile leicht amüsiert. *Eine fürchterliche Musik, eine Live-Band, die an*

Untote erinnerte, eine keifende Kellnerin und eine Frau, die einem Kerl an Tresen einem bläst, während ein Pulk von Leuten drum herumsteht und so tut, als sei nichts geschehen. „Vielleicht hätte ich einfach zum Tresen gehen sollen", sagte er zu sich selbst und fing an zu lachen. Er lachte über sich selbst, trank die Dose leer, zerknüllte sie und warf sie auf den Beifahrersitz. Eine halbe Stunde später etwa, erreichte er die Disco.

Da stand er nun, hing seinen trüben Gedanken nach und seine Augen forschten nach der Person, nach der er suchte. In dieser Discothek durfte man wenigstens rauchen, also rauchte er viel zu viel, trank viel zu viel und beobachtete die Gäste. „Sandra, wo bist Du", fragte er sich selbst. Und auf einmal kam auf ihn zu. Natürlich nicht direkt auf ihn, sondern zum Tresen, an dem er stand. Und sie war hübsch. Sie war noch hübscher, als auf dem Foto, welches er gesehen hatte und immer wieder sich angeschaut hatte. Sie war, ja, so konnte man es ausdrücken, *makellos*. Sie war einfach makellos hübsch. Sie kam direkt auf den Tresen zu, an dem Ansgar stand und wartete, dass die Kellnerin sie beachtete. Ansgar wurden die Knie weich. Er stand neben dieser Schönheit am Tresen und überlegte, was er jetzt tun sollte. „Natürlich nichts, Du beobachtest sie nur und schießt, wenn möglich, ein paar Fotos", sagte er sich. Zwischen ihnen stand noch ein Typ mit einer abgewetzten Lederjacke. Die Jacke war voll mit Aufnähern irgendwelcher Heavy-Metal-Bands.

Er wollte erst mal die Situation ausloten, dachte er sich, unauffällig beobachten, ein paar Bier trinken und abwarten.

Romowe. Der Verlag

Als er so dastand, von Zigarettenrauch umnebelt und
bereits die dritte Bierflasche geöffnet, dachte er plötzlich
an seine Eltern. Auch an seinen Bruder, Michael, musste
er plötzlich denken. Seine Mutter war verschwunden,
als Ansgar 12 Jahre alt war. Die Polizei hatte sie nach 10
Jahren für tot erklärt, Ansgar hatte aber nie daran
geglaubt. Nein, doch nicht seine Mutter, dachte er sich.
Sie liebte das Leben, ging jeden Samstag in die Kirche
der Sieben-Tags-Adventisten und schrieb in ihrer
Freizeit Kinderbücher. Das war unmöglich, dass sie tot
war. Dann hätte man ihre Leiche gefunden und das ist
nie passiert. Vielmehr war es wahrscheinlich, dass sie
weggelaufen war. Geflüchtet, vor den eigenen Kindern
und den alkoholsüchtigen Ehemann, seinen Vater. Aber
wäre sie weggelaufen, hätte sie da nicht ihre Sachen
mitgenommen? Sogar ihre Handtasche, ihre Jacke, alles
war noch dagewesen, als er morgens in die Küche kam
und „Guten Morgen" rief. Als keine Antwort kam,
dachte er sich nichts dabei. Später, sehr viel später, als
die Polizei anfing, den Garten zu durchsuchen und die
Teiche in den Vororten von Teichen durchsucht worden
war, wurde ihm langsam bewusst, dass seine Mutter
wohl verschwunden war. Aber er dachte nicht viel
darüber nach. Er dachte zwar daran, aber, okay, sie war
halt weg. Er verließ die Schule trotz allem mit guten
Noten und begann, sich auf sein Leben vorzubereiten.
Seinen Bruder, Michael, hatte es weniger gut getroffen.
Er war zwei Jahre älter als Ansgar, war aber kleiner und
schmaler gebaut und bekam meistens die Launen des
Vaters ab. Sein Vater war alkoholkrank. Ansgar dachte
zuerst, dass sein Vater die Sauferei erst mit dem
Verschwinden seiner Frau angefangen hatte, aber wenn
er genau darüber nachdachte, wusste er, dass sein Vater

schon immer gesoffen hatte. Und jedes Mal, wenn er getrunken hatte, besonders, wenn er sehr viel getrunken hatte, wurde er Michael gegenüber gewalttätig. Einmal saß Ansgar mit seinem Bruder vor dem Fernseher und knabberten Erdnussflips. Es muss so gegen siebzehn Uhr gewesen sein, vielleicht etwas später, als ihr Vater hereinkam und sah, dass die beiden vor dem Fernseher saßen. Wie üblich fing er an zu schreien und wie üblich zerrte er Michael durch die Wohnung und schlug auf ihn ein. Man kann sagen, dass die Gewaltausbrüche seit dem Verschwinden der Mutter kürzer wurden, ebenso die Abstände, in denen er betrunken nach Hause kam. An diesem Nachmittag war es allerdings besonders schlimm. Er schlug Michael ununterbrochen mit der Faust ins Gesicht. Ansgar saß daneben und war insgeheim froh, dass sein Vater seine Wut nicht an ihm ausließ. Als sein Vater begann, Michael gegen die Wand zu werfen, saß er ebenfalls nur still da. Irgendwann begann sein Vater, dessen Kopf mit aller Wucht gegen die Wohnzimmerwand zu schlagen. Als sich sein Bruder nicht mehr bewegte, warf sein Vater ihn zu Boden. Dann hob er ihn wieder auf und schleuderte ihn abermals mit dem Kopf gegen die Wand. Ansgar hörte ein stumpfes Geräusch, so, als würde man mit der Faust auf einen dünnen Holztisch hauen. Danach schmiss sein Vater das reglose Bündel zu Boden, hob es wieder auf und schleuderte es nochmal mit dem Kopf gegen die Wand. Ansgar hörte ein Knacken. Sein Vater schmiss den regungslosen Jungen zu Boden, während er sich zu Ansgar umdrehte.

„Ihr sollt nicht im Wohnzimmer essen", schnaufte er und ging in die Küche.

Als Michael später nicht zur Schule erschien, erkundigte diese sich nach seinem Wohlbefinden, später das Jugendamt und viel später, wie immer in solchen Fällen, die Polizei. Ansgar wohnte seitdem bei seiner Tante im Nachbarort. Michael kam in ein Krankenhaus, wo er sehr lange blieb. Später, als er aus dem Koma erwachte, war er nicht mehr in der Lage, seinen Namen zu nennen, geschweige denn, überhaupt was zu nennen. Ansgar hatte es einmal geschafft, ihn zu besuchen. Er lebte in einem Pflegeheim, wo er Tag und Nacht betreut werden musste. Ansgar glaubte nicht, dass sein Bruder wusste, wer ihn da gerade besuchte. Er schaute ihn mit leeren, verblödeten Augen an und als er sagte: „Hallo Michael", fing sein Bruder an, gackernde und blubbernde Geräusche von sich zu geben. Ansgar sah eine tiefe Narbe auf Michaels Stirn. „Leb wohl", dachte Ansgar, setzte sich auf, verließ das Sanatorium und kam nie wieder. Einmal, Jahre später, kam ein Brief in mit der Post. Sein Vater schrieb, er würde sich mal gerne mit ihm treffen, ja, er würde sich gerne mit ihnen beiden treffen. Er lebt zwar momentan im Süden, würde aber demnächst wieder in den Norden kommen, wo sich ja mal auf eine Tasse Kaffee treffen könnten. Und überhaupt, er hätte eine Entziehungskur gemacht und wäre ein neuer Mensch und, und, und…. Ansgar hatte keine Lust, den Brief ein zweites Mal zu lesen und falls Michael einen bekommen hatte, würde dieser darauf sabbern und nichts lesen können. Jemand würde ihm den Brief vorlesen müssen, was ebenso sinnlos war. Also zerknüllte er das Papier und vergaß die Angelegenheit. Bis heute. Bis jetzt. Jetzt, nachdem er bereits sein drittes Bier getrunken hatte und drauf und dran war, sich ein viertes zu bestellen, kamen ihm all die

Gedanken, die er im Alltag nie hatte und auch nicht haben wollte. Er erinnerte sich daran, dass sein alter Schulfreund, der Maximilian, mal zu ihm meinte: „Kein Wunder, dass Deine Mutter abgehauen ist. Überleg Dir mal, wie Du sie behandelt hast." Damals waren sie beide ziemlich betrunken gewesen und die Worte wurden so schnell gewechselt wie die Schnapsflaschen. Trotzdem hätte Ansgar seinem Kumpel am liebsten eine reingehauen. Er hätte sich so gerne auf ihn gestürzt und dieses Arschloch verprügelt. Er tat es nicht, hörte sich die Vorwürfe an und sagte nichts dazu. In diesem Moment allerdings fiel es ihm wieder ein und er wünschte sich, dieses Arschloch Maximilian würde hier in der Disko aufkreuzen. Er würde ihn am Arm packen und schreien: „Ey, weißt Du noch, was Du damals gesagt hast?" Wahrscheinlich würde sich Maximilian nicht mehr daran erinnern, geschweige denn sich überhaupt an irgendwas aus der damaligen Zeit erinnern. Aber trotzdem wünschte sich Ansgar, dieser Blödmann wäre jetzt hier. Er zog an seiner Zigarette, suchte mit den Augen die Tanzfläche ab und nahm einen Schluck aus seinem neuen Bier. Das Mädchen stand immer noch mit einem Pulk von Freunden am Rand der Tanzfläche. Sie schien sich zu amüsieren, wippte zu der Musik aus den Lautsprechern und lachte, wenn ihr jemand etwas zurief. Ansgar beobachtete sie und fühlte sich allein. Er fühlte sich nicht nur so, er war auch allein. In dieser Disko fühlte er sich unwohl. Er leerte die Flasche in einem Zug, drehte sich zum Tresen um, um eine neue zu bestellen. „Wenn schon die Familie im Arsch ist und man sonst keinen hat, kann man sich wenigstens volllaufen lassen", dachte er verbittert. Gerade jetzt, wo der Alkohol angefangen hatte, ihm gutzutun, fing er an, über seine dämliche Mutter, seinen versoffenen Vater und seinen behinderten, sabbernden Bruder nachzudenken. Er wischte die Gedanken beiseite, konzentrierte sich auf das, wofür er hergekommen war und beobachtete weiter das Mädchen. Er fand sie nicht. Seine Augen suchten die Tanzfläche ab, doch sie war nicht aufzufinden. „Beobachtest Du mich?" fragte eine weibliche Stimme. Er drehte sich um und sah sie. Sie stand direkt neben ihm, lächelte ihn an und schaute mit ihren großen blauen Kulleraugen zu ihm auf. Verdammt, war sie hübsch. „Wäre das so schlimm"? fragte er zurück. Sie grinste und nahm ein Schluck von ihrem Wein-Coctail-Mix. „Hat *er* Dich geschickt" fragte sie. Ansgar überlegte. Wenn sie wusste, dass der Alte ihn geschickt hatte, oder es zumindest vermutete, konnte es nur eines bedeuten: sie wusste es, fertig. „Ja", erwiderte er einfach. „Aber das ist mein Geschäft. Ich beobachte Leute und gebe die Informationen weiter, ganz einfach". „Ist schon okay", lachte sie. „Weißt Du, warum er Dich geschickt hat?" „Er meinte er wäre eifersüchtig, zumindest kam es so rüber". „Eifersüchtig" rief sie, wie erstaunt. „Der?" Sie lachte sichtlich vergnügt. Pass auf", meinte sie. „Ich mach Dir einen Vorschlag". Ansgar senkte seinen Kopf zu ihr herunter, damit er sie trotz der lauten Musik hören konnte. „Du kommst mit zu mir, schießt ein paar Fotos, wie ich vor der Tür stehe, ins Haus gehe und alles in Ordnung ist". Ansgar überlegte eine Weile, schließlich willigte er ein. „Dann trink weiter", sagte sie. „Ich gehe zu meinen Freunden und gebe Dir Bescheid, wenn wir aufbrechen". Er prostete ihr zu, leerte das Bier und dachte, dass der Abend doch noch einen guten Ausklang nehmen würde. Nur allzu gerne würde er von dieser Sandra ein paar Fotos schießen, in privater Atmosphäre noch viel lieber. Eventuell würde die Atmosphäre ja noch viel privater werden, wogegen er nichts einzuwenden hätte. Er hatte tatsächlich mal eine Freundin gehabt. Sie war damals mit seinem Kumpel zusammen gewesen, Conny, oder so ähnlich hieß sie damals. Als es bei den beiden kriselte, kam sie zu Ansgar gelaufen. Sie suchte eine Schulter zum ausheulen und sie suchte noch mehr. Sie suchte jemanden, mit dem sie es ihrem Freund einmal zeigen konnte. *„Sieh her, du Arsch. Ich kann jeden haben, sogar Deinen Kumpel, wenn ich will"*, so die Botschaft. Ansgar machte sich nicht viel aus Freundschaften. In der Regel waren Freunde Leute, die kommen und wieder gehen. *People come and people go, should i stay or should i go*, trillerte das Lied in seinem Kopf. Also genoss er eine Weile ihre Gegenwart. Zum Sex kam es nie, obwohl er sie ein paar Mal darauf angesprochen hatte. Eines Morgens, er kam gerade in die Klasse, stand sein Kumpel vor ihm und schlug ihm mit der Faust ins Gesicht. Ansgar torkelte ein paar Schritte zurück und grinste seinen Kumpel an. Dessen Kopf lief rot an, dann drehte er sich um und verschwand. Ansgar sah die beiden Jahre später einmal wieder. Es war auf einem Jahrmarkt. Es war spät und er war ziemlich betrunken. Die beiden gingen Hand in Hand über den Marktplatz, er trug einen schicken Sakko, sie war, so wie schien, im neunten Monat schwanger. Sie kaute ein Kaugummi, während sie an ihrer Zigarette zog. *„Seht her*, sagte ihr arroganter Gesichtsausdruck. *Seht her und bestaunt, was aus mir geworden ist. Im Gegensatz zu euch, hab ich mich schwängern lassen. Und zwar von dem erstbesten, der mir über den Weg gelaufen ist."* Die beiden gingen wortlos an ihm vorbei.

An diesem besagten Abend beschloss Ansgar, zu einer Prostituierten zu gehen. Auf dem Weg nach Hause machte er einen Umweg über die Schaufenstermeile. Er sah von weitem schon das rote Licht, dachte zuerst daran, wieder zu gehen, entschied sich aber, zumindest eine Runde um den Häuserblock, wo die Damen saßen, zu schlendern. Dort angekommen, blickte er sich nervös um. Aber wer sollte ihn schon sehen und vor allem, wer sollte ihn, ausgerechnet ihn, schon beobachten? Damals dachte er, er müsse zur hässlichsten Prostituierten gehen, die er an den Fenstern fand. Nicht, weil er auf hässliche Frauen stand, sondern er konnte es sich einfach nicht vorstellen, dass eine schöne Frau, wie sie ja nun mal hauptsächlich an den besagten Orten vorzufinden sind, sich überhaupt mit ihm einlassen würde. Also ging er zu einer, sie war nicht unbedingt eine Schönheit und sie war schwarz. *Zu der geht sonst keiner*, dachte er bei sich. Sie öffnete das Fenster, bat ihn, nach vereinbarten fünfzig Euro herein. Drinnen, er konnte sich noch genau erinnern, roch es nach Parfüm, aber nicht angenehm, sondern beißend, aufdringlich, unangenehm. Er setzte sich auf ein altes Holzbett mit einer schmutzigen Matratze. Sie bat ihn, aufzustehen, um ein Handtuch auf die Matratze legen zu können. Ansgar gehorchte und bemerkte, dass das Handtuch, welches sie sorgfältig ausbreitete, genauso schmutzig war. *Wo bin ich hier gelandet*, fragte er sich. Seine Laune sank, er zündete sich eine Zigarette an und schaute das schwarze Mädchen an, welches vor ihm stand. „Woher kommst du" wollte er wissen. Sie antwortete nicht, grinste ihn an. Und während sie so dastand und ihn angrinste, bemerkte er, dass ihre Zähne komplett schwarz waren. Sie waren verfault. Das war ihm am Fenster gar nicht aufgefallen und eigentlich hätte es ihm egal sein können, doch in diesem Moment widerte es ihn an. Auch war sie nicht so jung, wie es im roten Licht vorher erschien. Hier, im normalen Schein der Deckenleuchte, musste sie das Alter seiner Mutter haben. *Seiner Mutter....* Plötzlich hatte er genug, er wollte nur noch raus aus diesem Loch, aus dieser schmutzigen Brutstätte. Das Mädchen, dieses Ding von Frau, schrie ihn plötzlich an. „Erst bezahlst Du, sondern schreie ich und die Jungs kommen!" Ansgar schlug ihr mit der Faust in die Magenkuhle. Sie sackte zusammen, krümmte sich am Boden und wimmerte. „Ich will mein Geld", stöhnte sie. Ansgar trat nach ihr, erwischte ihren Kopf, welcher dadurch nach hinten geschleudert wurde und dort in einer unnatürlichen Position verharrte. „Schlampe!" schrie er ihr zu, nahm seine Jacke und verließ das Zimmer. Draußen auf der Straße ging er noch an den restlichen Fenstern vorbei. Die Mädchen riefen ihm zu, klopften ans Fenster, er jedoch ignorierte sie. Sein Bedarf an Zuneigung war erst mal gedeckt.

Bis zu diesem Abend. Er spürte ein Verlangen in sich aufsteigen, wie er es das letzte Mal zu seiner Schulzeit verspürte. Diese Sandra Corn war es wert, auch wenn er riskierte, seinen Job unprofessionell auszuführen. Aber wen kratzte das schon. Es war schon zwei Uhr, als Sandra auf ihn zukam. Er hatte sie die ganze Zeit über natürlich nicht aus den Augen gelassen. „Wie schaut`s aus bei Dir? Kannst Du noch fahren?" Ihre Stimme war fröhlich, keine Spur von Ärgernis, das er sie beschattete, lag darin. „Ich denke nicht", erwiderte er kurz und trank sein letztes Bier mit einem Zug aus. „Okay, wir nehmen ein Taxi, ich wohne nur fünfzehn Minuten von hier. Wir teilen uns einfach das Taxigeld". Die Taxischlange, die vor der Diskothek sich gebildet hatte, wurde langsam kleiner, als die ersten Diskobesucher nach Hause fuhren. Viele Pärchen waren dabei, einige waren stark angetrunken, andere stritten sich um irgendwas. *„Pass auf was du sagst, du Penner! Leck mich doch, du Nutte!"* so ging es die ganze Zeit, während er mit Sandra auf das nächstgelegene Taxi zuging. Als sie ins Taxi eingestiegen waren, grüßte der Fahrer, sie beide grüßten zurück und der Fahrer startete den Wagen. An die Fahrt selbst erinnerte sich Ansgar kaum noch. Er saß hinten, während Sandra vorne auf dem Beifahrersitz saß. Seine Augen wurden schwer, er zwang sich, wachzubleiben, konnte sich aber gerade so in einen Zustand zwischen Schlaf und Wachsein halten. Als er kurz die Augen öffnete, meinte er zu bemerken, wie der Taxifahrer seine Hand zwischen die Beine seiner Beifahrerin legte. Er meinte, sie lachen zu hören. Er meinte auch, als sie anhielten, dass sie in seiner Jackentasche griff. „Wach auf", flüsterte sie ihm ins Ohr. „Wach auf und bezahl das Taxi". Er quälte sich zurück in die Wirklichkeit, stieg aus dem Taxi und hielt dem Taxifahrer das Geld hin. Dieser schaute verdutzt und fing laut an zu lachen. „Verschwinde du Penner" lachte er und legte den Gang ein. Ansgar schaute nun ebenfalls verdutzt, streckte dem Fahrer den Mittelfinger entgegen und drehte sich zu Sandra um. „Achte nicht darauf", sagte sie nur. „Was war das ebend" wollte er wissen. „Nichts, komm gehen wir". Sie führte ihn zu dem Haus, welches hinter der Hofeinfahrt lag, an der sie standen. „Wohnst Du hier?" Sie antwortete nicht, schloss die Tür auf und ließ ihn herein.

Sie führte ihn durch einen schmalen Flur ins Wohnzimmer. *Ich sollte noch Fotos machen,* dachte er bei sich. „Nimm Dir was zu trinken", bot sie an und schaltete das Licht ein. Er fand sich in einem Wohnzimmer wieder, Ledersessel, Ledercouch, Fernseher, Couchtisch und stirnseitig ein Regal. Er sah sich das Regal an, dort waren statt der erwarteten Familienfotos nur Flaschen mit alkoholischen Getränken. Auf dem Regalabsatz, standen, säuberlich aufgereiht, Gläser und ein kleiner Behälter mit einer metallischen silbernen kleinen Zange. „Eiswürfel", sagte er. „Das nenn ich Stil". „Nimm schon. Ich mach mich derweil frisch. Du wolltest doch Fotos schießen". Sie grinste, ging zum Regal und hielt ihm ein Glas hin. Etwas an diesem Grinsen störte ihn. Er konnte es nicht genau einordnen, aber es war, nun ja, es war nicht ehrlich, könnte man meinen. Sie grinste zu *breit*....ihr ganzes Gesicht schien aus einem Grinsen zu bestehen. Ihm wurde flau im Magen. *Verdammt, was war eigentlich los mit ihm.* Er hoffte, der Drink würde ihm gut tun und schenkte sich einen Wodka ein. Das ganze Regal bestand aus hochprozentigen Getränkeflaschen. Von Whiskey, Weinbrand, Rum bis hin zu Kartoffelschnaps war alles da. Er leerte das Glas mit einem Zug, verzichtete auf das Eis und schaute sie an. „Möchtest Du noch etwas? Trink ruhig, trink soviel Du willst, ich bin gleich wieder da." Sie hatte immer noch dieses grauenhafte Grinsen aufgesetzt, aber ihre Augen grinsten nicht. Sie verschwand und Ansgar hörte, wie sie die Stufen nach oben, vermutlich ins Schlafzimmer, hoch lief. Er hatte sich gerade einen zweiten Drink eingeschenkt, als sein Handy vibrierte. *Unbekannte Nummer,* war auf dem Display zu lesen. „Wenn das der fette Reimond ist, sag ich ihm, er kann sich seinen Auftrag sonstwo hinschieben", dachte er verbittert. „Hallo?" „Hallo Ansgar" erwiderte am anderen Ende eine Stimme. Ansgar kannte die Stimme nicht, er konnte sie auch nicht einordnen. Es war eine kalte, geschlechtslose Stimme. Plötzlich wurde ihm schwindelig, er setzte sich auf das Sofa und Schweiß begann ihm die Stirn herunterzulaufen. „Wer ist da" keuchte Ansgar. „Du kennst mich", sagte die kalte Stimme. „du kennst mich schon sehr lange". Dann legte der Anrufer auf. Ansgar begann zu zittern, versuchte, das Glas zum Mund zu führen und trank den Wodka. Sein ganzes Hemd war von seinem Schweiß mittlerweile nass aber der Schwindelanfall ließ langsam nach. „Mit wem telefonierst Du?" fragte Sandra. Sie kam ins Wohnzimmer, hatte sich neu eingekleidet, nicht unbedingt sexy, aber in Ordnung für seinen Geschmack. „Mit niemanden", sagte er, noch immer verwirrt. Und da war es wieder. Ihr Grinsen. Nur diesmal war es nicht nur dieses unnatürliche Grinsen, was ihn beunruhigte, auch ihre Stimme hatte sich verändert. „Willst Du noch was trinken?" ihre Worte kamen unverständlich aus ihrer Grimasse. Auch während sie redete, hörte sie mit diesem Grinsen nicht auf. Sein Handy vibrierte wieder. Keine Nummer. Ihm wurde wieder schwindelig, nervös blickte er auf das Display. „Wer ruft dich jetzt noch an", grinste sie. Ansgar sah, dass das Mädchen, welches er kurz zuvor noch auf Anfang zwanzig geschätzt hatte, gealtert war. Ihre Haut war jetzt von Falten umgeben, wie eine Frau, die um die fünfzig war. „Geh doch ran" rief sie ihm zu. Sie saß jetzt ebenfalls auf der Couch, schlug die Beine übereinander und fing an, in ihrer Handtasche zu suchen. Das Vibrieren des Handys hörte auf, Sandra, oder wie immer dieses Ding hieß, holte eine Pistole aus der Handtasche hervor. Sie war jetzt gut sechzig Jahre alt. Und ihre Abendkleidung, war sie nicht in einem Abendkleid erschienen? Diese Frau trug einen abgewetzten Strickpullover und eine verblasste Jeans. Die Turnschuhe, die sie trug, waren abgelaufen und sahen aus, als hätte diese Frau noch nie andere getragen. Ihr Haar war aschgrau und ihre Augen fielen zurück in die Höhlen. Und wurden trübe. Sie grinste immer noch so schrecklich, allerdings war in ihrem Grinsen eine Gehässigkeit zu sehen, die Ansgar Furcht einflößen ließ. Ja, er hatte Angst, er hatte plötzlich Todesangst. Wenn diese Irre ihn hier abknallte, würde niemand wissen, dass er hier ist. Wie konnte er sich nur darauf einlassen, mit dieser Unbekannten nach Hause zu gehen. Was war er nur für ein Anfänger. Er würde hier sterben, sie würde ihn abknallen, wie ein wildes Tier, einfach so. Und dann würde sie ihn, oder wer auch immer, ihn im Garten vergraben. Oder einfach auf den Müll schmeißen. Leute, die Waffen auf andere richteten, waren zu allem fähig. *Sag jetzt nichts, dachte er. Bloß nicht provozieren. Sag am Besten gar nichts.* „Und jetzt machen wir einen kleinen Spaziergang, in den Garten", krächzte die Alte. Sie stand auf, war aufgrund ihres Alters aber so geschwächt, dass sie vorne überkippte und sich am Couchtisch abstützen musste. *Jetzt oder nie,* dachte Ansgar und griff blitzschnell zu. Er schnellte nach vorne, packte das Handgelenk der Alten und verdrehte es. Er hörte ein lautes Knacken, als ihr Handgelenk brach und hörte wie sie wimmerte. Die Pistole fiel mit einem dumpfen Geräusch auf den Tisch. Er griff danach, packte die Pistole am Griff und schlug ihr mit gesamter Kraft den Pistolenlauf ins Gesicht. Wieder hörte er ein Knacken, als ihr Nasenbein brach. Sie wimmerte abermals, es war ein leises Wimmern, eher ein Stöhnen, ein wehleidiges Klagen. Sie kippte nach hinten über und blieb regungslos auf dem Sessel liegen. Ihr Oberkörper lag dabei über der Polsterlehne. Das Blut aus ihrer Nase lief ihr Kinn runter und tropfte auf den Teppich. Ansgar stand aufgerichtet vor ihr, sein Herz raste bis zum Anschlag die Pistole hielt er noch in der Hand. Er überlegte, was nun zu tun sei. *Verschwinde*, dachte er plötzlich. *Verschwinde aus diesem Irrenhaus.* Sie lag noch immer regungslos auf dem Sessel, den Oberkörper über die Lehne gebeugt und schien bewusstlos zu sein. Er ging zu ihr, blieb vor ihr stehen und beobachtete sie. Plötzlich regte sie sich, hob ihren Kopf und sah ihn an. „Scheiße, meine Nase ist gebrochen", jammerte sie. Sie war wieder das Mädchen, was er in der Disko kennengelernt hatte. Ihre Falten, ihr graues Haar, alles war verschwunden. Sie war, bis auf die deformierte Nase abgesehen, wieder jung und hübsch. Er richtete die Waffe auf sie, nicht dass er gewusst hätte, wie man so eine Waffe bedient, aber ihm fiel nichts anderes ein, was er hätte tun können. Sie fing an zu lachen. Er drehte sich um, griff nach seiner Jacke, die auf der Sofalehne lag und verließ das Haus.

Draußen war es kalt. Es hatte zu nieseln angefangen. Zurück zur Disko, wo sein Wagen stand, war es zu Fuß zu weit, so beschloss er, zum Bahnhof zu gehen und sich dort ein Taxi zu nehmen, als sein Handy abermals vibrierte. *Reimond Behr.* „Hallo, Ansgar hier". „Du verdammter Idiot"! schrie Reimond am anderen Ende der Leitung. „Du solltest sie beobachten und nicht Deinen kümmerlichen Schwanz in sie reinstecken"! „Ich hab nicht....."stotterte Ansgar. „Halts Maul, du Schwachkopf! Wenn Du sie angefasst hast, wenn Du auch nur gewagt hast, sie anzufassen, bring ich Dich um! Ich schwöre, ich mach Dich kalt, du dämlicher Idiot"! „Du verstehst nicht", erwiderte Ansgar, „sie ist nicht normal, sie ist... *kein Mensch*", hätte er fast gesagt, biss sich aber gerade noch rechtzeitig auf die Zunge. „Hör zu", Reimond klang jetzt ruhiger, aber kaltblütig. „Sollte ich mitbekommen, dass Du sie auch nur angefasst hast, ja sollte ich mitkriegen, dass Du auch nur ansatzweise Deine schmierigen Drecksfinger versuchst hast, auf sie zu legen, bringe ich Dich um. Hast Du das verstanden? Ist das klar?" Ansgar wollte noch kurz etwas erwidern, aber Reimond sagte nur: „Bete, dass Du mir nicht mehr über den Weg läufst. Bete, Ansgar". Dann war das Telefon tot. Ansgar steckte das Telefon zurück in die Tasche, und beschleunigte seinen Schritt. Jetzt rannte er fast. Er erreichte den Bahnhof und winkte sofort ein Taxi zu sich, als er die Taxikolonne am Bahnhof stehen sah. Schnaufend lief er sich in den Beifahrersitz fallen. „Königsweg 18", schnaufte er. Das Taxi fuhr los. Während der Fahrt, die Fahrt war schon fast zu Ende, Ansgar konnte schon die Siedlung sehen, in der er wohnte, klingelte sein Handy. Er dachte an Reimond, legte sich schon eine Beschimpfungssalve zurecht, um Reimond verbal begegnen zu können, nahm das Gespräch entgegen und hörte wieder diese kalte, geschlechtslose Stimme. „Hallo Walter". „Wer ist da?" schrie Walter ins Handy. Es war ihm egal, was der Taxifahrer neben ihm dachte. „Oh, Du kennst mich", sagte die Stimme am anderen Ende. „Du kennst mich schon sehr lange." Dann wurde das Gespräch beendet. Schweißgebadet und panisch vor Angst steckte er sein Handy weg. Sie erreichten die Hofeinfahrt zu seiner Wohnung. Er bezahlte, stieg aus und stieg schweratmend zu seiner Wohnung in den ersten Stock die Treppe hinauf. Er ging ins Schlafzimmer, der Wecker zeigte jetzt viertel vor fünf an. Aber morgen war Sonntag und er konnte ausschlafen. Er würde vielleicht den ganzen Tag schlafen. Er legte sich, ohne sich umzuziehen, auf das Bett. Selbst die Schuhe behielt er an. In der Nachbarwohnung hörte er eine Frau schreien, wie sie gerade ihren Mann verfluchte. Er nahm das Kissen und vergrub sein Gesicht darin. Als er eine ganze Zeit da lag und versuchte, Schlaf zu finden, vibrierte sein Handy. Er ignorierte es. In der Nachbarwohnung hörte er, wie Kinder anfingen, zu schreien. Und irgendwo brüllte jemand: „Stopft den Gören bald mal das Maul". Er drehte sich hin und her und presste schloss die Augen. Sein Telefon vibrierte wieder. *„Denk an nichts"*, dachte er. *„Denk an den Wind."*

Der Garten

„Schatz, wann kümmerst Du Dich um den Garten?" Ellie fragte das nicht zum ersten Mal. Eigentlich musste er sich jedes Jahr diese Frage anhören und auch wenn sie Recht hatte: Er hasste diesen Garten. Er konnte Gartenarbeit allgemein nicht ausstehen, aber dieser Garten war die Krönung. Er war riesig, beinahe unübersichtlich, nein, nicht beinahe, er war unübersichtlich. Ein einziges Chaos, welches sich nur mit Schwerstarbeit und vermutlich teuren Maschinen aus dem Baumarkt in den Griff bekommen ließe. An Rasenmähen war gar nicht zu denken, man würde mit so einer kleinen Maschine keinen Meter weit vorankommen. Lächerlich. Als sie vor zwei Jahren das Haus mit dem Grundstück erworben hatten, hatte Ellie bereits geschwärmt: „Stell Dir vor, Winnie, wir haben einen eigenen Garten, können im Sommer draußen sitzen, ohne die dämlichen Nachbarn, die einen ständig beobachten." Zugegeben, die Vorstellung war nicht schlecht, sogar äußerst reizvoll, aber das bedeutete, den Garten komplett umzupflügen. Und wie sollte er, Winfried, das anstellen? Er war kein Gärtner und derartige Maschinen besaß er auch nicht. Und das Schlimmste: Er hatte keine Lust dazu. Er hatte ganz einfach keine Lust. Ihm genügte der Vorgarten, nicht groß, aber es reichte, um zwei Stühle dort zu positionieren, einen kleinen Tisch hinzustellen und einen Kaffee zu trinken. Zugegeben, der Vorgarten war nicht komfortabel, er lag direkt an der Straße und für ihren Junior, David, welcher jetzt zehn Jahre alt war, nicht unbedingt ein geeigneter Ort, um Ball zu spielen, oder sich anderweitig zu beschäftigen. Irgendwann würde er also den Garten Herr werden müssen. Vielleicht konnte er Ellie ja noch vertrösten, dass es nicht unbedingt dieses Jahr sein muss. „Ich kümmere mich drum!" rief er durch das geöffnete Küchenfenster zurück. Ellie stand gerade in der Küche und bereitete das Mittagessen vor, während er, Winfried, gerade das Fahrrad seines Juniors reparierte. Die Reparatur erwies sich allerdings einfacher wie anfangs vermutet und so beobachtete er David, wie er mit seinem BMX-Rad um das Haus herum verschwand, um auf dem Radweg eine Probestrecke zu fahren. „Wann?" fragte sie. Sie konnte es nicht lassen. „Sobald ich Zeit habe, Liebes", antwortete er, obwohl er wusste, was gleich folgen würde. „Heute ist Samstag, wir sind das ganze Wochenende zu Hause und Zeit haben wir auch." Sie tat so, als erwähnte sie es beiläufig, er merkte allerdings ihren verkniffenen Unterton. Sie mochte es nicht, wenn sie vertröstet wurde, sie wollte, dass ihre Sachen sofort erledigt wurden. Und er mochte nicht, dass sie es nicht mochte. „Ich muss das Fahrrad von David reparieren", erwiderte er kurz. „Das kann ja nicht den ganzen Tag dauern", kam prompt die Antwort aus dem Küchenfenster zurück. Er war mittlerweile genervt von dem Thema, also erwiderte er nichts darauf. Er blickte zu dem Garten und ihm erschauerte. Die Disteln waren mittlerweile so hoch wie ein ausgewachsener Mann und aus den Bäumen, die überall aus den Boden sprießten, waren richtige Stämme geworden. Hinter dem Garten lag die Hauptstraße und im Normalfall konnte man von der Stelle, wo Winnie zur Zeit stand, die Hecke sehen, welche die Hauptstraße von dem Radweg trennte, welche hinter dem Grundstück entlanglief und den Nachbarort mit der Innenstadt praktisch verband. In diesem Fall allerdings, konnte man weder den Radweg sehen, noch die Hecke, welche dazwischen lag. Man konnte überhaupt nichts sehen. Der Garten war mittlerweile so überwuchert und zugewachsen, dass man nicht einmal in den Garten selbst hineinschauen konnte. Einmal, nur ein einziges Mal, hatte Winnie versucht, in den Garten hineinzugelangen. Es war kurz nach ihrem Einzug in das neue Haus, welches sie gekauft hatten. Er kam nicht weit. Die Disteln hatten seine Oberarme fast aufgeschnitten, Zweige von Bäumen haben ihm ins Gesicht gepeitscht und er landete mit seinem Gesicht in ein Spinnennetz, worauf die Spinne sofort das Weite suchte, als sie gestört wurde. Das war genug für Winnie. Fluchend kehrte er um und schwor sich, mit diesem Garten erstmal nichts zu tun haben zu wollen und sich auf den kleinen Vorgarten zu beschränken. Der Vorgarten, ja, der war in Ordnung. Ein kleines Stück Rasen, kurz gemäht, fertig. Perfekt. Je mehr er darüber nachdachte, desto mehr ärgerte er sich über diesen Schandfleck im Hinterhof. Dieses Drecksgestrüpp, welches schon fast ein Wald war. Bestimmt waren dort schon seltene Tiere zu finden, die es sonst nirgendwo gab. Am liebsten hätte er das ganze Gehölz mit einem Flammenwerfer niedergefackelt. Er musste Grinsen bei dem Gedanken. Er ging um das Haus herum zum Radweg, um Junior zu beobachten, wie er mit dem Rad versuchte, Kunststücke vorzuführen. Winfried stand nun an der Straße, dann bewegte er sich ein Stück weiter zum Nachbarhaus, damit Ellie ihn nicht vom Fenster heraus sehen konnte. Mit geübten Fingern zog er eine Packung Winston aus seiner Hemdtasche und fummelte nervös eine halb zerknickte Filterzigarette hervor. Er schaute noch

35

einmal nervös zum Fenster, war sich sicher, dass Ellie ihn nicht beobachten konnte und zündete sie sich hastig an. Er inhalierte tief den Rauch, blies ihn genüsslich wieder aus und beruhigte sich, während Junior fleißig Kunststücke auf dem Rad vollführte. Immer wieder zog er das Vorderrad mit dem Lenker hoch, so dass er einen Augenblick nur auf dem Hinterrad fuhr. Winnie lachte und applaudierte. „Bravo Junior! Na los, nochmal", feuerte er seinen Sohn an. Während David weiterhin versuchte, auf dem Hinterrad zu bleiben, um seinen Vater zu beeindrucken, hörte Winfried hinter sich ein leises Kläffen. Er drehte sich um und sah den Rauhaardackel des Nachbarn. Das Tier stand zappelnd hinter dem Zaun und schien sich über Winfrieds Anwesenheit zu freuen. „Murphy!" rief er. „Da bist Du ja, du alter Racker!" Winfried mochte das Tier. Obwohl der Dackel eigentlich zu den Nachbarn gehörte, fühlte Winfried, dass sich das Tier bei Ihnen wohl fühlte. Oft genug kam es durch ein Loch im Gartenzaun gehuscht und tobte bei ihnen herum. Wenn Ellie die Einkäufe erledigte, besorgte sie jedes Mal eine Tüte Hundekekse, die Murphy dann verabreicht bekam, worüber er sich tierisch freute und was den Hund natürlich erst recht durch den Zaun huschen ließ. Den Nachbarn selbst schien es egal zu sein, wo sich der Hund herumtrieb, aber Winfried war es ebenso egal, was die Nachbarn davon hielten. Er mochte sie nicht, sie waren beide, Mann und Frau, arbeitslos, schienen sich auch nicht sonderlich um den Hund zu kümmern, wie sie sich auch um sonst nichts zu kümmern schienen. Oft genug saßen sie beim Abendbrot und Winnie schimpfte auf die Nachbarn. Dass solche faulen Subjekte auch noch unterstützt werden, sagte er oft. Schuld daran sei diese liberale Politik, die solches Dahinvegetieren auch noch verteidigt, vermutlich, weil sie selbst alle nicht besser waren. Dabei vergessen sie wohl, dass es Elli und Winnie sind, natürlich nicht nur sie, aber erstmal sie, die solche Leute mit durchfüttern. Bei dem Thema redete er sich oft in Rage. Ellie, die solche Phrasen schon kannte, sagte dann nur: „Schatz beruhig Dich, was gehen uns andere Leute an. Sei froh, dass wir gutes Geld verdienen, uns dieses Haus leisten können und arbeiten gehen dürfen." Winnie beruhigte sich dann auch sofort und sie wechselten dann jedes Mal das Thema. Es hatte keinen Sinn, mit Ellie darüber zu diskutieren, sie verstand einfach den Sinn des Themas nicht, sie verstand diese einfache Botschaft nicht, dass man Ungerechtigkeiten auch einmal ansprechen muss. Vielleicht wollte sie es auch gar nicht verstehen und Winnie beneidete sie für ihre Leichtigkeit, mit der sie den Alltag um sie herum zur Kenntnis nahm. Von den faulen Nachbarn einmal abgesehen, den Hund, den mochte er wirklich. Er war ein guter Hund, eine treue Seele, die ihn jetzt mit gütigen Augen anschaute, als wolle er fragen: „Hast Du noch einen von diesen leckeren Keksen übrig?" „Na, dann komm mit, mein Kleiner", rief er dem Dackel zu und rauchte schnell zu Ende. Eigentlich war es Unsinn, heimlich zu rauchen, Ellie wusste es ja doch. Aber würde er öffentlich und offiziell sich wieder zu seiner Sucht bekennen, würde sie ihm wieder in den Ohren liegen, wann er dann gedenke, aufzuhören. „Denk nur an das ganze Geld", sagte sie oftmals, womit Winnie ihr sogar beipflichten musste. „Hast Du keine Angst, Lungenkrebs zu kriegen? Sollen wir Dich im Krankenhaus besuchen? Ist es das, was Du willst?" Winfried zuckte darauf jedes Mal mit den

Schultern, weil er darauf keine Antwort wusste. Natürlich hatte er Angst, an Krebs zu sterben, sehr sogar. Nur dann wäre die nächste Frage gewesen: „Wenn Du Angst hast, warum rauchst Du dann? Bist Du abhängig? Hast Du so einen schwachen Charakter, dass Dir das eigene Leben und das Deiner Mitmenschen egal sind? Oder bist Du einfach nur dumm? Nein, dumm bist Du nicht, Winnie, dafür kenne ich Dich zu lange, also muss es an deinem Charakter liegen. An Deiner Einstellung, Dir selbst und uns gegenüber." Winnie hatte absolut keine Lust auf derartige Diskussionen, die zu nichts führen würden. Ellie verstand es halt nicht, wie es war, wenn man rauchte und wenn man versuchte, damit aufzuhören. Es war eine Quälerei, es schien, als konzentriere man sich nur noch darauf, nicht mehr rauchen zu dürfen. Was war das für ein Leben? „Ich bin halt auch nur ein Mensch", sagte Winfried oft und gerne zu sich selbst, wenn ihn mal wieder das schlechte Gewissen überkam. Solange er allerdings heimlich rauchte, oder zumindest so tat, als rauche er heimlich, dachte Ellie, er habe zumindest den Respekt vor ihr bewahrt und sie ließ ihn diesbezüglich auch mit ihren Nörgeleien in Ruhe. Er trat die Kippe aus, achtete darauf, dass keine Glut mehr zu sehen war und der Stummel nicht mehr zu erkennen war. Dann rief er Junior zu. „David!" Murphy ist da und hat Hunger! Gibst Du ihm seinen Keks?" David winkte und führte mit seinem BMX-Rad eine gekonnte Drehung durch, welches ihn zurück in die Richtung seines Vaters brachte. David mochte den Hund auch, sie waren, obwohl sie erst seit so kurzer Zeit hier wohnten, schon fast unzertrennlich. Junior lenkte geschickt sein Fahrrad um die Ecke des Hauses. „Komm Murphy! Kekse!" Murphy hastete zurück in den Nachbarsgarten, fand ohne zu suchen das Loch im Zaun und sprintete mit seinen kurzen Beinen und hechelnder Zunge dem Jungen hinterher. Weil der Dackel nicht mit ins Haus durfte, wartete er geduldig, bis Junior die Packung mit den Hundekeksen aus dem Haus holte, um einen davon Murphy zu geben. Der Junge schlenderte ins Haus, während Murphy im Hinterhof saß und sich umschaute. Und während der Hund im Hinterhof vor dem Küchenfenster saß, geschah etwas Merkwürdiges: Der Dackel drehte sich um, starrte auf den Garten und fing an zu bellen. Auf allen Vieren stand Murphy nun da und kläffte den Garten an. Winfried hörte schon das Bellen, als er um die Ecke des Hauses schlenderte, sah den Hund vor dem Garten stehen und staunte ein Wenig. „Murphy, was ist los?" fragte er den Hund. Murphy hörte kurz auf zu bellen und fing stattdessen an zu jaulen und winseln. Unruhig schabte der Hund mit den Pfoten auf dem Rasen, während er jaulend zum Garten schaute. „Was ist mit Murphy los?" fragte David. Er hielt eine Packung Hundekekse in der Hand und kam gerade um das Haus herum zum Küchenfenster. „Scheint, als ob er im Garten etwas entdeckt hat", bemerkte Winfried. *„Was hat das Tier? Selbst, wenn es ein Eichhörnchen, oder ein Karnickel wittert, würde es sofort hinterherlaufen, um es zu jagen. Hat Murphy etwa Angst?"* Winfried sah, dass das Tier tatsächlich Angst hatte. Es winselte, es jaulte förmlich und als David ihm den Hundekeks vor die Nase hielt, huschte Murphy hinter die Beine von David, als wollte er Schutz suchen. „Merkwürdig", murmelte Winfried. „So hat sich der Hund noch nie verhalten. Was kann ihn nur so erschreckt haben? Er ist ja sonst nicht gerade ein Feigling." Winfried schaute zu dem Garten herüber, konnte aber außer den Disteln, Dornen und Ästen nichts sehen. Wie eine Wand, die die Natur erschaffen hat, ragte der Garten vor ihnen empor. „Vielleicht hat er einen Wolf gewittert", meinte David, während er immer noch dem verstörten Hund den Keks hinhielt. „So ein Unsinn", erwiderte Winfried. „Das ist ein Garten und kein Wald." „Mama sagt immer, wir haben einen Wald." Winfried schaute zum Garten. Der Garten konnte tatsächlich, wenn man es nicht besser wusste, als Wald durchgehen. Die Bäume standen dicht an dicht und irgendwie, es war natürlich unmöglich, aber irgendwie schienen die Bäume größer geworden zu sein. Natürlich wachsen Bäume, logisch, aber diese Bäume, zumindest diejenigen, die Winfried entdecken konnte, schienen höher zu sein, als sie es heute Morgen noch waren. War es möglich, dass sich irgendetwas in diesem Wald eingenistet hat, dass dem Hund Angst einjagte? Ein wildes Tier vielleicht? *Nun reiß Dich zusammen",* ermahnte er sich und wandte sich wieder dem Jungen zu. „Irgendetwas wird ihn erschreckt haben, sei`s drum. Gib dem Hund den Keks und dann lass uns reingehen. Deine Mutter hat sicherlich schon das Essen fertig." Der Junge gehorchte widerwillig, gerne hätte er sich noch mit Murphy beschäftigt, aber seine Eltern verstanden keinen Spaß, wenn er zu spät zum Essen kam und morgen war schließlich auch noch ein Tag, um mit Murphy zu spielen. „Kommt rein, Jungs, Essen ist fertig!" Ellie hatte das Küchenfenster geöffnet, während sie den Beiden zurief. „Schon unterwegs!" rief Winfried. Dann verabschiedeten sie sich von dem Rauhaardackel und gingen gemeinsam ins Haus.

Der Rest des Tages verlief ohne nennenswerte Bedeutung. Am späten Abend, als sie bereit waren, schlafen zu gehen, erzählte Winfried seiner Frau noch kurz, was passiert war. Sie saß im Schlafzimmer, vor dem Spiegel und machte sich zurecht, er saß auf der Bettkante und ging auf das merkwürdige Verhalten des Dackels ein. „Das Vieh hat sich total merkwürdig benommen. Als ob er irgendetwas Gefährliches im Garten gewittert hätte." „Nun ja", bemerkte sie spöttisch. „Bei unserem Supergarten wundert es mich eigentlich, dass er noch nicht von einem wilden Tier angefallen wurde." „Sehr witzig", meinte er nur und ging ins Bad, um Zähne zu putzen. „Du könntest aber wirklich mal den Garten fertig machen!" rief sie ihm noch hinterher. Er ignorierte die Bemerkung, putzte sich die Zähne und legte sich zu seiner Frau schlafen.

Als Winfried am nächsten Tag von der Arbeit kam, stand Junior im Vorgarten und spielte mit einem Fußball. „Hallo Großer!" rief er David zu. David guckte zu seinem Vater, schoss dann den Ball so fest er konnte, gegen die Garagenwand, dass das ganze Haus halb erzitterte. „Mach mir nicht die Garage kaputt", ermahnte er seinen Sohn. Als Antwort schoss Junior den Ball noch einmal so kräftig er konnte, gegen das Tor. Winfried zuckte innerlich zusammen, sagte aber nichts. Dennoch fiel ihm etwas auf. Heute war etwas anders als sonst und plötzlich merkte er auch, was es war. „Wo ist Murphy?" fragte er seinen Sohn, der weiterhin konzentriert das Garagentor unter Beschuss nahm. „Keine Ahnung. Das letzte Mal hab` ich ihn gestern gesehen". „Naja, vermutlich liegt er drüben bei den Nachbarn in seinem Hundekorb und wird immer fauler." „Ja vermutlich", meinte David nur und nahm erneut das Garagentor ins Visier. Winfried ging ums Haus, eventuell war Murphy ja dort und wartete unter dem Küchenfenster auf Kekse. Als er den Hund dort nicht vorfand, setzte er wieder an, um ins Haus zu gehen. Ellie würde ungefähr in einer Stunde nach Hause kommen und er fand, es wäre eine gute Idee, die Küche aufzuräumen, sowie den Staubsauger in die Hand zu nehmen. Nicht, dass das zu seinen Lieblingsaufgaben gehört hätte, aber er fand, wenn er schon früher zu Hause war, konnte er auch im Haushalt mit anfassen. Das hatte natürlich auch den Vorteil, dass er immer eine Ausrede hatte, nicht in den Garten zu müssen. Er wollte gerade wieder um das Haus herumgehen, da hörte er es auf einmal bellen. Er drehte sich um, sah aber keinen Hund. Das Bellen kam ohne jeden Zweifel von Murphy, er würde es unter tausenden Hunden wiedererkennen. Er schaute sich weiter angestrengt um, dann rief er: „Murphy! Komm her, alter Junge!" Nichts. Dann wieder ein Bellen. Ohne Zweifel, das Bellen kam aus dem Garten. Also hatte Murphy sich doch auf den Weg in dieses Gestrüpp gemacht, um das, was ihn am gestrigen Tag Angst gemacht hatte, auf den Grund zu gehen. Er rief noch einmal. Murphy bellte, diesmal war es näher zu hören. Also würde Murphy gleich aus dem Garten kommen, zu David laufen und alle würden sich freuen. Wieder ein Bellen, diesmal allerdings leise, als wäre der Hund weit weg. Wie war das möglich, wie dämlich war das Vieh? Es konnte natürlich sein, dass Murphy irgendetwas jagte. *„Oder gejagt wird"*, dachte er im Hinterkopf, verwarf den Gedanken jedoch sofort wieder. Er hörte Murphy noch öfter bellen, mal schien er kilometerweit weg von Winfried zu sein, mal schien er jederzeit aus dem Gebüsch herauszustürmen. Ungefähr zwanzig Minuten stand Winfried so, hörte das Bellen, rief nach Murphy und entschloss sich dann endlich, ins Haus zu gehen. Der Hund würde schon kommen, wenn ihm danach war, so hoffte er zumindest. *„Hat er sich vielleicht verlaufen? Solltest Du nicht hin und das Vieh herausholen? Vielleicht schwebt er ja in Gefahr!"* „Ja, genau!" rief er, lachte dabei und ging ins Haus. Später, als sie gemeinsam zu Abend aßen, erzählte Winfried, was er gehört hatte. „Und Du hast den Köter nicht herausgeholt?" erboste sich Ellie. „Der wird ja wohl aus diesen dämlichen Garten herausfinden", erwiderte er trotzig. „Aus unserem dämlichen Garten!" erzürnte sich Ellie. Winfried beschloss es, dabei zu belassen, bevor das leidige Thema wieder hochkam. „Murphy ist im Garten!" schrie David und wollte gerade aufspringen. „Erst wird zu Ende gegessen, Junior", fauchte Ellie ihn an. David verstummte, stopfte sich das Brot zwischen die Backen, kaute wie wild und spülte den Bissen mit einem Glas Milch herunter. Als sein Teller leer war, blickte er fragend zu seiner Mutter hoch. „Zisch ab", sagte sie nur. David sprang auf, stolperte in seine Turnschuhe und rannte zur Tür. „Hoffentlich rennt er nicht auch noch in den Garten", meinte Winfried zu Ellie. „Doch, hoffentlich. Dann sieht er das Chaos mal, was dort herrscht. Vielleicht kann er Dich ja mal zur Vernunft bringen." „Ich mein ja nur", erwiderte er, *„er könnte sich verlaufen"*, sagte aber doch nichts. „Du meinst was?" fragte sie. „Das wir den Garten endlich einmal auf Vordermann bringen sollten? Das wäre ja mal eine Idee, oder? Und sollte sich dieser dämlicher Kläffer von nebenan tatsächlich mit einem wilden Tier angelegt haben, dann wäre es ja an der Zeit, erst recht dort klar

Schiff zu machen, meinst Du nicht?" „Du hast ja recht",
erwiderte er. „Ich gehe nächstes Wochenende die Sache
an, versprochen. Komm, gehen wir in den Vorgarten
und trinken ein paar Bier. Hast Du Lust?" Ja, gerne",
erwiderte sie, während sie den Tisch abräumte und den
Geschirrspüler damit auffüllte. „Lass mich das hier zu
Ende bringen, dann komm ich nach. Bringst Du mir
noch einen Wein mit? Aber trink nicht so viel, wir
wollen noch einkaufen, denk dran, bitte." „Aber
selbstverständlich", erwiderte er, froh, dass das Thema
nicht vertieft wurde. Winfried ging in den Keller, holte
zwei Flaschen Bier aus der Kiste und eine Flasche
Rotwein, ging die Kellertreppe wieder hinauf und
begab sich zu der kleinen Sitzecke in ihrem Vorgarten.
Während er die Flaschen auf den Tisch stellte, es war ein
kleiner, billiger Plastiktisch, der jedoch seine Zwecke
erfüllte, fiel ihm ein, dass er noch einmal zu Junior
schauen sollte. Gewiss würde Junior schon mit Murphy
vor dem Garten toben, während der Hund seine Kekse
vermisste. So schlenderte er gemütlich um das Haus
herum, um David zu fragen, ob er und Murphy nicht
nach vorne kommen wollen. „Ich hab` ihn gar nicht mehr
gesehen, seit er nach dem Hund geschaut hat", dachte
Winfried so bei sich, schob sein ungutes Gefühl jedoch
schnell wieder beiseite. Als er hinter dem Haus
angekommen war, sah er niemanden. Weder einen
David, noch einen Murphy konnte er hinter dem Haus
entdecken. „Nun, sie werden auf der anderen Seite des
Hauses sein und auf dem Fahrradweg spielen", fiel ihm ein.
Dieses schlechte Gefühl, diese Vorahnung, dass etwas
Schlimmes passiert ist, kam in ihm wieder hoch. Dieses
Gefühl hatte er schon, als er Murphy im Garten kläffen
gehört hat. Dieses Gefühl kannte er, es war nicht neu für

ihn und meistens und das war das Schlimme, konnte er
sich auf dieses Gefühl verlassen. Er wusste noch, als
wäre es gestern gewesen, als seine Schwester damals
anrief und sich nach seinem Wohlbefinden erkundigte.
„Hallo Winnie", sagte sie damals am Telefon. „*Ich wollte
nur hören wie es Dir geht. Ist alles in Ordnung? Bist Du
zufrieden? Läuft es mit Dir und Ellie? Ist mit Deinem Job
alles in Butter?* Winfried versicherte ihr, dass alles in
Ordnung war, sollte es noch einmal wiederholen und
war völlig verwirrt, denn derartig besorgt hatte er seine
Schwester noch nicht erlebt. Das Gegenteil war er der
Fall. Sie war eher eine von der Sorte, die umtriebig war,
die Männer wechselte und das Leben genoss. Das
ausgerechnet sie, ihren Bruder anrief, um sich nach
seinem Wohlbefinden erkundigte, passte gar nicht zu
ihr. Kurze Zeit später, beide hatten sich freundlich am
Telefon verabschiedet, überkam Winfried dieses Gefühl,
das irgendwas Schlimmes passiert sein musste. Den
ganzen Tag grübelte er, was dieser Anruf von seiner
Schwester zu bedeuten hatte und vor allem über ihre
tiefe Besorgnis, die sie zum Ausdruck brachte. Am
nächsten Tag, es war gegen Mittag und er war gerade
auf dem Weg in die Kantine der Firma, holte er sein
Handy aus der Tasche und wählte die Nummer seiner
Schwester. Eine ganze Zeit ertönte nur das Freizeichen
und Winfried wollte gerade wieder auflegen, als eine
männliche Stimme sich am Apparat meldete.
„Hallo?" Winfried war ein wenig verdutzt, nicht seine
Schwester am Apparat zu haben. „Hier ist Winfried",
fuhr er ins Telefon. „Ich hätte gerne meine Schwester
gesprochen!" Winfried erkannte die Stimme, es war ihr
Freund, ein Nichtsnutz, der als Broker bei einer
Aktiengesellschaft arbeitete. Auf Deutsch, jemand,

welcher andere Menschen um ihr Erspartes brachte. Bevorzugt natürlich gutgläubige und ältere Menschen. Winfried riss sich allerdings zusammen, seine Gedanken waren jetzt bei seiner Schwester. „Hallo Winnie", sagte die andere Stimme am Handy. Es tut mir leid, Dir diese schrecklichen Nachrichten überbringen zu müssen, ich wünschte, wir hätten unter vier Augen sprechen können." „Was ist denn los?" blaffte Winfried ins Telefon. Ihm war gar nicht mehr überheblich zumute, versuchte es allerdings noch, zu überspielen, indem er einen forschen und selbstsicheren Tonfall annahm. „Deine Schwester sie ist...gestorben. Sie hatte gestern auf dem Heimweg einen Autounfall und ist abends dann im Krankenhaus ihren Verletzungen erlegen. Die Ärzte hatten noch versucht, sie zu stabilisieren, es sollte nicht so sein." „So ein Unsinn!" Winfrieds Stimme klang jetzt fast hysterisch, sämtliche Beherrschung war verflogen. „Erzähl mir nicht so einen Scheiß! Gestern Abend habe ich noch mit ihr telefoniert, und zwar mit dem Apparat, auf dem ich gerade anrufe. Also, ich hätte jetzt gerne meine Schwester gesprochen, Du dämlicher Vollidiot!" „Es tut mir leid", sagte die Stimme am anderen Ende der Leitung. „Es tut mir wirklich leid, Winnie." Dann wurde aufgelegt. Winnie stand wie erstarrt in der Kantine und starrte wie gebannt auf das Handy, als könne er nicht glauben, dass wirklich aufgelegt wurde. „Oh Du Arschloch", schrie er. „Du verfluchtes, dämliches Arschloch. Du widerliche Missgeburt!" Einige der Mitarbeiter, die um ihn herumstanden, schauten ihn neugierig an, als hätte Winfried sie direkt angesprochen. Winfried ignorierte sie, ging, auf sein Handy starrend zur Herrentoilette und wählte die Nummer noch einmal.

Niemand nahm ab. Frustriert steckte er das Handy in seine Jackettasche und begab sich zurück zur Kantine. Später wurden das Telefonat und der schreckliche Verdacht noch einmal bestätigt. Er telefonierte mit seinen Eltern, sowie mit der Polizei und natürlich sprach er mit dem leitenden Arzt, der auch nur das wiederholte, was er zuvor am Telefon hörte. Aber wie war das möglich? Wie konnte er mit seiner Schwester telefoniert haben, während die Ärzte gerade um ihr Leben kämpften? Winfried wusste darauf keine Antwort. Später hatte er sich vorgenommen, darauf auch keine zu finden. Das Thema war ihm einfach zu hoch. Es war etwas, was er absolut nicht verstand, noch mehr, was er absolut nicht verstehen wollte. Er hakte das Thema ab, hielt es für eine Laune der Natur. Natürlich glaubte er an Gott, aber Gott schien in diesem Fall so weit weg gewesen zu sein, dass er gar keine Rolle spielte. Das Einzige, was ihm in Erinnerung blieb, war dieses Gefühl, dieses Wissen, wenn etwas Furchtbare passiert war. Es konnte auch etwas Schönes passiert sein, das war durchaus möglich, er wusste es ebenso wenig. Wichtig war nur, dass er ein Gefühl für Dinge hatte, die abseits der ihm vertrauten Norm standen. Irgendwann hatte er seine Schwester vergessen, so wie man Menschen vergisst, die gestorben waren. Er hatte auch dieses Gefühl vergessen, was ihn damals überkam, als er den Anruf von ihr erhielt. Aber jetzt, jetzt in diesem Moment, wo er im Hinterhof stand, auf den Garten blickte und seinen Sohn suchte, überkam ihm wieder dieses Gefühl, dass Etwas nicht stimmte. Dass Etwas ganz und gar nicht stimmte. Dass Etwas grundlegend falsch war. Er schaute sich panisch um, lief auf der anderen Seite des Hauses herum. „David!

Junior!" schrie er und versuchte, die Panik zu unterdrücken, die in ihm aufkam. Er rannte hinter das Haus, schaute auf den Radweg, nach links, nach rechts, aber es war Niemand zu sehen. Weder David noch dieser bekloppte Köter waren in Sichtweite. *„Wenn er auch in den Garten gegangen ist? Wenn er Murphy bellen gehört hat und dann hineingelaufen ist?"* Winfried dachte angestrengt nach. Er hatte es seinem Junior nie verboten, in den Garten zu gehen, warum auch. Es gab kein vernünftiges Argument, einem zehnjährigen Jungen zu verbieten, in den Garten zu gehen. Er kehrte wieder um, stellte sich vor dem zugewucherten, hochgewachsenen Garten und schrie: „David! Junior! Bist Du dort drinnen?" Keine Antwort. Dann hörte er die Stimme von David. „Papa!" „Junior!" rief er voller Kraft zurück. „Ich bin hier! Du kannst rauskommen!" „Papa, wo bist Du?" David rief abermals, diesmal klang seine Stimme jedoch gedämpft, als wenn er weiter weg wäre, als wenn David sich meterweit von ihm wegbewegen würde. Das war jedoch unmöglich. Selbst, wenn sich der Junge am anderen Ende des Gartens aufhielt, müsste er klar und deutlich zu verstehen sein. Winfried hatte eine Idee. Er rannte zur Straße, lief, so schnell er konnte die Straße herunter, bog links ab und lief den Radweg, welcher am anderen Ende ihres Grundstücks entlangführte, wieder den Radweg hoch. Nach ein paar Sekunden, die ihm vorkamen wie Minuten, war er außer Atem. Im Hinterkopf schwor er sich, sollte Junior gleich auftauchen, sofort mit dem Rauchen aufzuhören. Die letzten Meter quälte er sich bis zur Grundstücksgrenze, bis er vor dem hochgewachsenen Garten ihres Grundstücks stand. Von dieser Seite aus war der Garten noch viel höher gewachsen, als auf der

Grundstücksseite, was ihm vorher gar nicht so bewusst
war. Die Disteln, sowie die Brombeeren überragten ihn
fast um einen halben Meter. Hinter den Grünen
Sträuchern, bestehend aus Dornen und brennenden
Blättern, schien ein dichtes Gewirr aus Zweigen zu
bestehen. Mit den Händen schob er einige der Disteln
beiseite und brüllte wieder den Namen seines Jungen.
Diesmal schrie er direkt in die Sträucher hinein, um
sicherzugehen, dass Junior ihn auch hörte. Wieder hörte
er seinen Jungen rufen. „Papa! Ich bin hier!" Diesmal
kam die Stimme direkt wieder vom anderen Ende des
Gartens, der Hausseite. „Bleib, wo Du bist, Junior!
Beweg Dich nicht! Bleib einfach stehen! Ich hole
Dich!" Er lief wieder auf dem Radweg um das
Eckgrundstück herum, hastete um das Haus und blieb
vor dem Garten stehen. „Was ist passiert, Winnie?" Ellie
hatte das Küchenfenster geöffnet und blickte mit
besorgter Mine zu ihrem Mann. „Schatz, ruf die Polizei,
oder die Feuerwehr, am Besten beides!" rief er ihr zu.
„Was ist denn los?" „Junior ist im Garten
verschwunden", stammelte er. „Murphy auch! Ich geh
da jetzt rein und hol die Beiden!" „Na Hauptsache, Ihr
habt Euren Spaß", erwiderte seine Frau und machte sich
daran, das Küchenfenster wieder zu schließen. „Ich
amüsiere mich derweil mit dem Abwasch!" Das
Küchenfenster wurde geschlossen und Winfried stand
frustriert vor dem Garten, der sich bedrohlich vor ihm
auftürmte, als wolle er sagen: *„Komm doch. Komm doch,
du kleine miese Nutte von einem Ehemann. Komm und spiel
mit uns!"* Langsam, ganz langsam und vorsichtig
streckte Winfried die Hände aus, bog die Pflanzen zur
Seite und machte einen kleinen Schritt vorwärts in das
Gestrüpp. Als er zur ungefähr zur Hälfte eingestiegen

war, schaute er sich um und drehte sich zum Haus um. Er konnte das Küchenfenster sehen, aus welchem Licht schien und der Schatten von Ellie am Fenster vorbeihuschte. Es half nun nichts. Er musste handeln, alles Andere stand jetzt nicht zur Debatte, Ellies Launen schon gar nicht. „Junior! Bleib wo Du bist! Ich komme!" Keine Antwort. Er ging ganz in das Gewächs hinein, bis er von den Pflanzen umgeben war. Er widerholte sein Rufen. „Papa!" Diesmal war die Stimme links von ihm zu hören. „Junior!" rief er sofort zurück. Keine Antwort. Aber Junior schien nicht weit weg zu sein. Dem Ruf nach musste er sich ganz in der Nähe aufhalten. Wieder hörte er seinen Sohn rufen. „Papa, ich bin hier!" Diesmal war der Ruf weiter weg, als wenn sich David weiter von ihm wegbewegen würde. „Verdammt, David! Bleib stehen und beweg Dich nicht. Einfach weiterrufen, dann komm ich Dich holen!" Ärger stieg in ihm auf. Konnte der Bengel nicht einmal tun, was man von ihm verlangte. Er schrie noch einmal, es kam keine Antwort. Er stieg weiter durch den Garten, bog Pflanzen und Äste beiseite und bahnte sich seinen Weg vorwärts. Hier drinnen im Garten war es gar nicht so schlimm, wie er vermutet hatte. Natürlich nervten ihn die Zweige, die sich in seinem Gesicht verfingen und gelegentlich musste er sich die Spinnweben aus den Augen wischen, das alles konnte er ertragen. Auch schienen die Bäume und Pflanzen nicht mehr ganz so hoch zu sein, wie er heute Morgen zu sehen geglaubt hatte. Der Bengel muss sich also nur verlaufen haben, oder er erlaubte sich einen makabren Scherz mit ihm. Behutsam setzte er einen Schritt vor dem nächsten. Er konnte den Autoverkehr hinter dem Fußweg bereits hören, also musste er gleich am anderen Ende des

Gartens angelangt sein. Er rief noch einmal. Diesmal kam die Antwort sofort, allerdings diesmal von der Seite des Nachbargrundstückes. David hatte sich also doch weiterbewegt und hatte sich nun zum Nachbargrundstück begeben. Gut, dachte Winfried. Dann würde er ja auf den Maschendrahtzaun stoßen und konnte sich an diesem orientieren. Wenn er immer am Zaun entlang gehen würde, müsste er automatisch zum Haus, oder zum Radweg gelangen, je nachdem, welche Richtung Junior einschlagen würde. Winfried beschloss, zum Radweg zu gehen, über den Zaun zu klettern und auf der Seite der Nachbarn einfach wieder über den Zaun zu steigen. Dann würde er David automatisch finden. Vorausgesetzt, David blieb in der Nähe des Zauns, wovon aber eigentlich auszugehen war, schließlich war sein Junior kein Dummkopf. Als sich Winfried weiter in Richtung Radweg vorkämpfte, merkte er, dass der Radweg nicht vor ihm lag. Normalerweise hätte er schon das andere Ende des Gartens erreichen müssen, dieses Ende war jedoch nicht zu sehen. Bei diesem dichten Gestrüpp war er vermutlich im Kreis gegangen, besser gesagt, hatte die Richtung gewechselt, was durchaus passieren konnte, wenn man vor lauter Pflanzen die Hand kaum vor Augen sieht. Die Straße schien jetzt, den Geräuschen nach, links von ihm zu sein, was bedeutete, dass er sich um neunzig Grad gedreht hatte. Er drehte sich zu der Richtung, aus dem der Verkehrslärm zu hören war und stakte weiter durch das Gebüsch. Er rief wieder nach David, bekam allerdings keine Antwort. Er ging langsam weiter, bis er meinte, dem Fußweg jetzt ganz nahe zu sein. Das Merkwürdige war nur, dass er keinen Verkehrslärm mehr hörte. Er ging weiter, irgendwann musste ein Zaun kommen, verdammt, irgendwann musste mal das Ende dieses verfluchten Gartens kommen. Er wollte gerade wieder einen Schritt weiter nach vorne machen, da blieb er wie angewurzelt stehen. Vor ihm war etwas auf dem Boden zu sehen. Er kniete sich hin und sah, dass er beinahe in eine Blutlache getreten war. Ein dunkelroter Fleck war auf dem Boden ausgebreitet und Blut hing an den Pflanzen um ihn herum und tropfte zäh von den Blättern. Plötzlich bekam Winfried Angst. Er stand wieder auf und brüllte aus Leibeskräften. „David! David! Junior, kannst Du mich hören?" Nichts, keine Antwort. Ihn umfasste wieder die Panik, er fing an zu rennen, störte sich nicht an den Zweigen und Dornen, die sein Gesicht zerschnitten. Er rief immer wieder nach seinem Sohn, bekam jedoch keine Antwort. Seine Panik wurde noch mehr beflügelt, als er sah, wie über ihm die Dämmerung hereinbrach. Wie lange war er jetzt schon im Garten auf der Suche? Eine Stunde? Zwei Stunden etwa? Er konnte es nicht sagen, rannte weiter und hörte endlich dicht vor ihm den Verkehrslärm. Er rannte, wie in Todesangst auf die Verkehrsgeräusche zu. Doch es war kein Zaun zu sehen. Er rannte immer weiter und wusste nicht mehr, in welche Richtung er lief. Völlig außer Atem blieb er irgendwann stehen, japste nach Luft und hatte das Gefühl gleich ersticken zu müssen. Als er wieder zu Atem kam und sich ein Wenig beruhigt hatte, wurde ihm bewusst, wie still es um ihn herum war. Selbst, wenn dieser Garten, oder was immer das sein mochte, Winfried war sich da absolut nicht mehr sicher, seinen eigenen Gesetzen folgte, müssten doch irgendwelche Tiere hier wohnen. Er müsste Grillen hören, Vögel singen, oder zumindest den Wind müsste er hören können. Aber es war totenstill, wie in einem Grab. Winfried wusste, dass jetzt nur noch eines wichtig war: Er musste hier raus, irgendwie. Er musste hier rausfinden und dann die Polizei rufen. Sein Sohn lag vielleicht hier irgendwo verletzt im Garten. Er konnte natürlich nicht wissen, wessen Blut das war, welches er gesehen hatte, es konnte genauso gut von dem Dackel stammen. „Bitte lieber Gott, lass es so sein. Wessen Blut auch immer, nur nicht dass unseres Sohnes." Er murmelte leise vor sich hin, beschloss, die Nerven zu behalten und sich zu konzentrieren. Mittlerweile war es fast dunkel geworden und plötzlich sah er vor sich, in ungefähr zwei Meter Höhe ein Licht. *Das muss die Laterne sein, die den Radweg beleuchtet,* dachte Winfried hoffnungsvoll. Er ging schnellen Schrittes auf das Licht zu, schob die Äste beiseite und konzentrierte sich darauf, nicht die Richtung zu wechseln. Als er wieder hochschaute, war das Licht verschwunden. Das konnte nicht sein, Winfried begann zu verzweifeln. Er blieb stehen und sah zum Himmel. Es war jetzt fast dunkel, das bedeutete, er musste jetzt gute drei Stunden durch den Garten geirrt sein. Plötzlich hörte er eine Stimme: „Winnie! Schatz, wo bist Du!"

Ellie war verärgert. Es war jetzt schon dunkel und Winnie und David waren beide noch draußen, obwohl sie heute eigentlich noch die Einkäufe erledigen sollten. Winnie würde was zuhören kriegen. Sie konnte es nicht ausstehen, wenn er sich einfach so über sie hinwegsetzte, als wenn das, was sie einforderte, ja einklagte, zu viel verlangt wäre. Sie verlangte ja nun nicht viel, aber das Wenige, was sie als Wichtig erachtete, darauf könnte er doch mal ein Wenig Rücksicht nehmen. Es war immer dasselbe. Jetzt spielten sie beide im Garten, die Töle der Nachbarn natürlich dabei, während sie vermutlich alles um sich herum vergessen hatten. Als sie um das Haus herumging und die beiden weder im Vorgarten, noch auf dem Radweg entdecken konnten, ging sie um das Haus herum und stand vor dem Garten, wo sie ihren Mann zuletzt gesehen hatte. „Ruf die Polizei", hatte er geschrien. Ellie kam das albern vor, aber irgendetwas stimmte nicht. Es war sein Tonfall. Winnie war wirklich voller Angst gewesen, er hatte geradezu panisch geklungen. „Winnie! Schatz!" rief sie. Plötzlich hörte sie ihren Mann, es klang wie aus weiter Ferne, als ob er eine Ewigkeit von ihr entfernt war. Das war natürlich Unsinn, er konnte sich höchstens auf der anderen Gartenseite aufhalten und diese Größe war sehr überschaubar, vom Garten einmal abgesehen. Plötzlich hörte sie wieder Winnies Stimme, diesmal klang sie näher, als ob er auf sie zukommen würde. Erleichterung erfasste sie, irgendwie war ihr unheimlich zumute. Irgendetwas stimmte hier ganz und gar nicht. „Bleib, wo Du bist", hörte sie ihren Mann rufen. „Ruf die Feuerwehr und die Polizei, hörst Du?" „Komm doch erstmal heraus", rief sie zurück. Nun klang seine Stimme wieder weiter weg, als hätte er sich von ihr fortbewegt, wieder Richtung Verkehrsstraße. Aber das war doch unmöglich, warum sollte er das tun? Vor allem, in dieser Geschwindigkeit, sie hätte ihn doch hören müssen, wie er sich durch das Unterholz bewegt hat. „Bleib einfach, wo Du bist!" rief sie ihrem Mann zu. „Bleib dort stehen und beweg Dich nicht! Ich komme Dich holen!" Mit ihren Händen schob sie die Pflanzen und Äste zur Seite und machte einen Schritt in den Garten.

Inwald

Tod über der Stadt

Früher, im Jahre 1427, gab es in der Ortschaft Inwald, im schlesischen Vorgebirge, noch sehr viele Menschen, im Gegensatz zu heute. Zu der Zeit herrschte selbst in so einem verhältnismäßig kleinen Ort ein gewaltiges Treiben auf dem Marktplatz. Jeden Tag, auch in der kalten Jahreszeit trafen sich dort die Händler. Es wurde gekauft, verkauft, gehandelt und gefeiert. Der Marktplatz war ein Ort, wo sich die Menschen trafen. Familien gingen gemeinsam zum Markt, um ihren täglichen Bedarf einzukaufen, einer Hinrichtung beizuwohnen, oder einfach nur, um Verwandte und Bekannte dort zu treffen. Das war sehr viel wert, denn so mussten die Menschen nicht den beschwerlichen Weg in die nächste Stadt auf sich nehmen. Die Leute fühlten sich hier wohl, was dazu führte, dass der Ort schnell wuchs und sich nach und nach in eine kleine Stadt verwandelte. Dadurch wurde Inwald auch gleichzeitig für die Menschen aus der Umgebung attraktiver. Der damit verbundene Wohlstand führte dazu, dass die Menschen, die Jahrhunderte lang in einfachen Holzbaracken lebten, mittlerweile in großen Häusern aus Stein lebten. Die Häuser waren mit großen Fenstern versehen und kunstvoll verzierten Giebeln. Die Menschen waren zufrieden, sie waren satt und ganz besonders: sie waren aufgeklärt. Zum Beispiel gehörte es Jahrhunderte lang zum, man kann schon sagen, guten Ton, eine Hexe zu foltern, um sie hinterher in ein Holzfass zu stecken und die Bedauernswerte in dem nahegelegenen Fluss zu versenken. Die Hexen in

Inwald allerdings, hatten die Möglichkeit, während einer „peinlichen Befragung" sich zu Gott zu bekennen und so dem Tode zu entrinnen. Einmal sprach sogar ein Priester von der Kanzel: „Wenn eine Frau Beischlaf mit dem Teufel hat, so muss sie zwangsläufig vom Teufel besessen sein. Und wenn sie vom Teufel besessen ist, kann man ihr dann vorhalten, gegen den Willen Gottes gehandelt zu haben? Wenn sie nicht einmal sie selbst ist? Wenn sie nicht einmal im Vollbesitz ihrer eigenen geistigen Kräfte ist?" Es ging also ein Ruck durch den Ort, ein gesellschaftlicher Wandel vollzog sich, zwar langsam, aber stetig. Doch nicht nur die Reichen wurden aufgeklärter, auch die Knechte fingen an, am Wohlstand teilzuhaben. Mussten sie noch beizeiten im Stall bei den Tieren übernachten, so hatten die meisten von ihnen mittlerweile ein eigenes, wenn auch kleines Anwesen auf dem Hof ihrer Herren. Manche von ihnen besaßen sogar ein eigenes Haus abseits des Hofes, auf dem sie arbeiteten. Und was die Bauernmägde betraf, nun, es war mittlerweile nicht mehr unanständig, wenn ein Ritter von edlem Geschlecht eine Magd, oder eine Bäuerin zur Frau nahm. Nicht dass man sich auf Augenhöhe betrachtete, dass nun wahrlich nicht, aber es kam doch immer wieder vor, dass Menschen unterschiedlichen Standes heirateten. Auch die gleichgeschlechtliche Liebe war mittlerweile so weit in der Gesellschaft akzeptiert, dass man nicht mehr ausgepeitscht wurde, sollte sich ein Herr mit einem Knaben, oder die Dame mit ihrer Gespielin erwischen lassen. Vielmehr tat man in der Kirche Buße, gelobte Besserung und einen gottesfürchtigen Lebenswandel und die Sache war in der Regel überstanden. Mit dem wachsenden Wohlstand und einhergehender

Selbstständigkeit musste sich Inwald zwangsläufig auch mit Feinden von außen absichern. Gegen neidische Angreifer begann Inwald somit sich zu einer kleinen Festung auszubauen. Mit viel Geld heuerten die Einwohner Söldner an, die die Grenzen zu ihrem Inneren bewachten. Meistens war es Abtrünnige, Hungerleider, verurteilte Hühnerdiebe sowie Raubritter, die sich in den Dienst von Inwald stellten. Aber auch viele Freiwillige lockte das schnelle Geld und ließen sich in der Privatarmee zum Wohle der Stadt verpflichten. Inwald hatte übrigens auch auch einen eigenen König. Der König selbst war zu diesem Zeitpunkt schon ein alter Mann, jenseits der vierzig. Dieser König war streng, aber gerecht. Er handelte zum Wohle und im Sinne des Volkes. Und weil er das so oft betonte, waren die Menschen stolz auf ihren König. Jedoch neideten auch viele Inwalder seinen Reichtum, den er besaß. Da seine Schergen Steuern und Zölle eintrieben, wurde er oft im Volke als „Vampir" bezeichnet. Hinter vorgehaltener Hand munkelten die Menschen, er säße nur auf seinem Gold, während die Inwalder selbst ja gar nichts besaßen. Jedoch traute man es sich nicht laut auszusprechen, denn auf Majestätsbeleidigung stand nach wie vor die Todesstrafe und oft genug kam es vor, dass Nachbarn einander denunzierten, oder auch die Ehefrau ihren betrunkenen, gewalttätigen Ehemann loswerden wollte, indem sie einander die falschen Worte in den Mund legten. Der König selber wusste sehr wohl um solche Gerüchte, er wusste auch um die Denunzierungen untereinander, schließlich war er nicht aus Dummheit zum König gekrönt worden. Seine Absicht war in der Beziehung allerdings sehr wohlüberlegt. Der König wusste: Wenn es einem Volk, wie den Inwalder so gut ging, bestand die Gefahr, dass sich dieses Volk irgendwann gegen die Obrigkeit wandte. Immerhin besaßen viele Inwalder viel Geld und Einfluss, einige besaßen Leibwächter, mein Gott, die Stadt besaß eine eigene Armee. So war das Druckmittel der Majestätsbeleidigung zwar ein hartes, aber ein kleines Übel, was der König geschickt einzusetzen wusste, um kritische Stimmen nicht allzu kritisch werden zu lassen. Und während die Menschen in Inwald ihren täglichen Geschäften nachgingen, auf den Märkten Handel trieben, sich die Söldner vor den Stadtmauern betranken und die Reichen sich mit den zahlreichen Huren amüsierten, kam unaufhaltsam etwas von Innen heraus auf sie zu, was sie nicht erahnten. Und das war der schwarze Tod.

Einige von ihnen, darunter einige Geistliche, hörten von den ersten Vorfällen aus den Nachbarstädten. Im benachbarten Ort etwa, seien ganze Straßen wie ausgestorben. Kaum jemand lebte dort noch und wenn, war er sterbenskrank. Da sie nicht die Ursache kannten und da sie auch nicht wussten, wie mit dieser schlimmen Epidemie umzugehen ist, nannten sie es den schwarzen Tod. Die Betroffenen fingen an, schwarze Flecken auf der Haut zu bekommen, aßen nicht mehr und husteten schließlich Blut, bis sie kraftlos und qualvoll starben. Im Grunde war es ein Todeszeichen, wenn jemand die schwarzen Flecken im Gesicht zeigte und oftmals wurden die Ärmsten von ihren Familien ausgeschlossen und vor der Stadtmauer ihrem Schicksal überlassen. Allzu oft wurden sie dort gejagt und umherstreunende Raubritter und Wegelagerer erschlugen sie nur allzu gerne, um sich an dem restlichen Hab und Gut der Erkrankten zu bereichern. Nachdem also die ersten Menschen schwarze Flecken im Gesicht bekamen und dahinsiechten, wussten sie, dass der schwarze Tod sie nun erreicht hatte. Sie kannten keinen anderen Namen dafür, sie nannten es „der schwarze Tod." Die Inwalder selbst waren für ihre Zeit schon sehr gebildet. Sie wuschen sich von nun an täglich, verbrannten die Leichen mitsamt ihrer Kleidung und ließen die Kloaken von den Kerkerinsassen reinigen. So kam es, das selbst in einer Zeit, die von Krankheit und Elend geprägt war, die Gassen derartig sauber waren, dass man meinte, von der Straße essen zu können. Der schwarze Tod jedoch griff weiter um sich. Als es schließlich den König dahinraffte, fingen die Menschen wieder an zu beten und Gott um Hilfe zu rufen. Aber auch das Beten half nichts. Etwa ein Jahr später lebten von den 687 Menschen in Inwald nur noch die Hälfte. Auch nahm die Gottesehrfurcht wieder strengere Ausmaße an. Als auch die übrige Anzahl an Einwohnern sich fast täglich immer weiter reduzierte, fassten einige Mitbewohner den Mut und entführten eine Hexe, die den bösen Blick hatte, aus ihrem Haus. Als ihr Ehemann und Vater ihrer beiden Kinder Einspruch erhob, erschlugen sie ihn vor den Augen der Kinder und schafften die Frau auf den Marktplatz zum Schafott. Unter den Zurufen der übriggebliebenen Einwohner erdrosselte man die Ärmste und bat Gott um Verzeihung für ihre Sünden. So möge er doch den Fluch von ihnen nehmen und die restlichen Menschen aus Inwald verschonen. Doch das Sterben ging weiter. Diejenigen, die übrig blieben, kamen mit dem Verbrennen der Verstorbenen kaum hinterher. So lagen in einigen Häusern die Leichen manchmal bis zu drei Monaten, ehe sie gefunden und eingeäschert werden konnten. Ein übelriechender Verwesungsgeruch lag über der ganzen Stadt. Ratten und Ungeziefer beherrschten die Straßen und machten sich in den Häusern breit. Die Stadtmauern selbst waren jetzt unbewacht, da es keine Stadtwachen mehr gab, die aufgestellt werden konnten. Das Schicksal von Inwald machte bald im ganzen Reich die Kunde. Auch alte Feinde bekamen davon Wind und einige von ihnen schickten ihre Schergen bei Dunkelheit in die Stadt. Diese kamen eines Nachts nach Inwald und stiegen in die Häuser der Verstorbenen ein. Als sie dort nur Leichen fanden, schleppten sie die Toten eines Nachts aus ihren Häusern und warfen sie in einen Brunnen. So kam es, dass in Inwald auch noch das lebenswichtige Trinkwasser vergiftet wurde.

Die Frau des Ritters

Einen Sommer später, eigentlich im Spätsommer, sollte der Ritter Viktor Damien nach Inwald reiten. Er war von seinem König beauftragt worden, die Sterbefälle in Inwald zu untersuchen und seinem König einen Bericht zu liefern. Viktor war unwohl zumute. In einen Krieg zu ziehen wäre einfacher gewesen. Der Feind ist in einem Krieg greifbar, er war sichtbar. Das hier, worum er gebeten wurde, war eine Sache, die er nicht einordnen konnte. Niemand wusste, was der schwarze Tod war und wie er besiegt werden konnte. Es war etwas Unheimliches, etwas Unsichtbares, aber dennoch Tödliches. Es war ebenso unheimlich, wie hinterhältig. Man bekam schwarze Flecken, die ganze Haut wurde pechschwarz, so erzählte man sich. Und schließlich spuckt man seine eigenen Eingeweide heraus und stirbt elendig und qualvoll. Viktor erschauerte bei der Vorstellung darüber. Aber was nutzte es, einen Auftrag ablehnen, das wäre ihm nie in den Sinn gekommen, schon gar nicht seinem Herrn gegenüber. Also ritt er nach Hause um seiner Familie von dem bevorstehenden Auftrag zu erzählen. „Und wenn Du nicht mehr zurückkommst?" fragte seine Frau ihn eines Abends, als er ihr von seinem Auftrag erzählte. „Wer ernährt mich und die Kinder, wenn Dich der schwarze Tod anheimfällt?" *„Sie ist eine kluge Frau, sie weiß, wie gefährlich die Sache werden kann. Ihr kannst Du nichts vormachen"*, dachte Viktor, nicht ohne Bewunderung für seine Frau. „Sorge Dich nicht", antwortete er. „Mein Cousin, der Friedhelm, er wird Dich Deiner und der

Kinder annehmen, sollte mir etwas passieren".
Offensichtlich zufrieden mit der Antwort, gab sie ihm
einen Kuss und bereitete das Abendmahl zu. *„Ja, der
Friedhelm"*, dachte Viktor so bei sich. *„Der würde sich
freuen, sollte mir etwas zustoßen."* Rechtmäßig, also vom
Stande her, müsste er sich an Friedhelm wenden, sollte
er selbst in Gefahr geraten, oder wissen, wenn er nicht
aus einer Schlacht zurückkommt. Bisher konnte Viktor
dies vermeiden. Er war ein erfahrener Krieger, kannte
sich in der Gefechtskunst aus und wusste, einen Mann-
zu-Mann-Kampf zu überleben, so dass er bisher immer
als Sieger davongegangen war. Und er verachtete
Friedhelm. Friedhelm war ein Feigling. Viktor erinnerte
sich, kurz vor der Schlacht gegen eine Armee des
benachbarten Reiches, wurde Friedhelm vom König
befördert. So konnte Friedhelm nicht mehr an der
Schlacht teilnehmen, an der über eintausend Soldaten
des Heiligen Reiches fielen. Friedhelm hatte sich damals
vermutlich durch diese Beförderung sein erbärmliches
Leben erhalten können. Viktor verachtete ihn dafür nur
umso mehr. Der Gedanke, dass dieser Nichtsnutz sich
seiner Familie annehmen sollte, versetzte Viktor einen
Stich ins Herz, aber Gesetz war nun einmal Gesetz und
daran hatte auch er sich zu halten. Nach dem Essen, es
war bereits spät, brachte seine Frau die Kinder zu Bett
und machte sich selbst fertig für die Nacht. Als Viktor
sich zu ihr legte, sprach er zu ihr: „Meine Liebe, dieser
Auftrag, dort in Inwald, wird sehr gefährlich. Tust Du
mir einen Gefallen?" „Was Du willst, Viktor. Sprich
doch aus, wie ich Dir helfen kann." „Ich werde morgen
in aller Frühe nach Inwald reiten, damit ich rechtzeitig
ankomme", fing er an. „Vermutlich, kurz nach meiner
Abreise, werden die Schergen des Königs hier

aufwarten und fragen, wo ich gewesen bin. Bezeuge Ihnen, dass ich die ganze Nacht mit Dir verbracht habe und nicht von Deiner Seite gewichen bin." „Das werde ich tun, mein Liebster", versprach sie. „Und nun tu, was Du tun musst." Mit diesen Worten drehte sie sich auf die Seite und fiel in einen ruhigen Schlaf. Viktor wartete noch, bis eine Frau eingeschlafen war, dann stand er auf und zog sich an. Er ging nach unten, sattelte sein Pferd und ritt in die Nacht hinaus.

Genau zu dieser Zeit, genau auf der anderen Seite der Stadt, wohnte Friedhelm in einem großen, prunkvoll ausgestattenden Haus. Solche Anwesen konnten sich nur wenige leisten, aber seit Friedhelm Oberbefehlshaber der königlichen Armee war, war dies kein Problem mehr. Auf Feigheit erbaut, spotteten einige Bewohner. Friedhelm war das egal. Sollten die Leute reden. Es gab halt Menschen, die verloren in der Schlacht ihr Leben, es gab Leute, die kamen niemals zu Reichtum, so sehr sie sich bemühten. Und es gab Leute, die konnten einen Krieg gewinnen, ohne selbst kämpfen zu müssen. Auch die gab es, die musste es zwangsläufig geben. Und zu diesen Leuten zählte sich Friedhelm. Friedhelm stand in seinem Arbeitszimmer, es war schon spät, aber er dachte nicht daran, zu schlafen. Zu viel war die letzten Wochen passiert. Schlachten mussten geführt werden, für jede Schlacht musste eine eigene Strategie entwickelt werden. Unzählige Sitzungen und Gespräche, bis tief in die Nacht hinein, mussten geführt werden, Pläne mit hochrangigen Militärs entworfen werden und Verhandlungen mit der gegnerischen Seite gewonnen werden. Dabei war besonders darauf zu achten, dass keiner der beiden Seiten ihr Gesicht verlor und beide Seiten das Gefühl hatten, dass sie aus diesen Verhandlungen als Sieger hervorgingen. Der Krieg selbst war dann nur noch ein anderes Mittel der Verhandlung. Die Schlacht selbst war ein Teil der politischen Strategie, die Friedhelm, obwohl er sie beherrschte, nie so richtig verstand. In der Schule bekamen die Kinder eingebläut, wie ehrenwert es wäre, für den König und das Heilige Reich in den Krieg zu ziehen. Die Wirklichkeit, hinter den Kulissen, weit, weitaus ernüchternder, als man es den Leuten auf der Straße erzählen konnte. Sie würden es noch weniger verstehen, sie wollten es auch gar nicht verstehen. Während Friedhelm seinen Gedanken nachhing, sah er plötzlich aus dem Fenster hinaus ein Pferd auf sein Haus zukommen. Das Pferd trug einen Reiter. Friedhelm erkannte ihn sofort an der Haltung. Es war Viktor, sein Cousin. Viktor, zu dieser Stunde, auf dem Weg zu ihm? Friedhelm überlegte. Zugegeben, ihr Verhältnis war nicht gerade das Beste und seit Friedhelm befördert worden war, war dieser Riss zwischen ihnen endgültig zementiert, so schien es augenblicklich. Dass Viktor jetzt zu dieser Zeit auf dem Weg zu ihm war, konnte nur bedeuten, dass Viktor versuchen würde, das Verhältnis zu verbessern. Aus Friedhelms Sicht nicht unvernünftig, immerhin hatte Viktor einen gefährlichen Auftrag vor sich. Er würde in Kürze nach Anwalt, in die verfluchte Stadt aufbrechen und dass er dort lebend zurückkam, war so unwahrscheinlich, wie Schneefall im Hochsommer. Aber Viktor war intelligent, dass wusste Friedhelm. Vermutlich intelligenter wie er selbst, daher hatte der König auch Viktor und nicht irgendeinen Hofnarren ausgewählt, damit zumindest die Chance besteht, dass dieser auch lebend zurückkam. Friedhelm wusste außerdem, dass er derjenige war, der nach derzeitigem Recht und Gesetz sich der Familie von Viktor annehmen würde. Daran gab es nichts zu rütteln. Somit war es nur vernünftig, wenn sich beide Männer einmal noch offen gegenüberstanden und die Differenzen, die ja eindeutig in einer persönlichen Abneigung lagen, zu klären. Und wenn sie schon nicht aus der Welt zu schaffen waren, so hatten sie es zumindest versucht. Friedhelm rief seinen Diener, einen alten Kautz, zu sich. „Lasst Viktor passieren", befahl er. Die Wachen sollen sein Pferd in Obhut nehmen und frisches Heu zu fressen geben. Bringt Viktor in mein Arbeitszimmer und bietet ihm zu trinken an!" Der Diener nickte kurz und verschwand.

Viktor erreichte das Anwesen seines Cousins wenig später. Er sah von der Straße aus Licht aus dem Zimmer scheinen, wo Friedhelms Arbeitszimmer war und wusste somit, dass sein nichtsnutziger Cousin zu Hause war. Am Eingangstor der Villa warteten die Wachen bereits, um sein Pferd in Empfang zu nehmen. Viktor grüßte sie, übergab ihnen das Pferd und begrüßte den alten Diener. „Schön Dich zu sehen, altes Haus", rief er freudig dem alten Diener zu. Er mochte den Diener. Er war zwar merkwürdig, aber innendrin, das spürte Viktor, war ein guter Kern. „Traust Du Dich auch mal wieder her", spottete der Diener. Viktor schätzte den schwarzen Humor, lachte und beide Männer umarmten sich. „Komm rein, Friedhelm freut sich, Dich zu sehen". Die beiden gingen ins Haus und der Diener führte Viktor über den langen Flur in den Aufenthaltsraum. Von dort aus ging es in einen weiteren Flur zur Treppe, die in das Arbeitszimmer und Schlafzimmer führten.

Viktor kannte sich aus, ließ dennoch den Diener vorgehen. Als sie vor dem Arbeitszimmer standen, öffnete der Diener die Tür. „Mein Herr, Viktor wünscht Dich zu sprechen. Ich komme gleich wieder. Darf es eine Flasche Wein sein?" Viktor nickte und bedankte sich. Der Diener verließ den Raum und beide Männer standen sich gegenüber. „Sei gegrüßt, Viktor", fing Friedhelm an. „Ich sah Dich von weitem schon in meine Richtung reiten. Was kann ich für Dich tun?" Jetzt lächelte Friedhelm und es war ein aufforderndes Lächeln, zu dem Viktor aber noch nicht bereit war. „Ich muss nach Inwald", fing er an. „Und wir beide müssen die Formalitäten klären, in Bezug auf meine Familie, sollte mir etwas zustoßen. Die Reise wird nicht ungefährlich. Es wird ein Krieg gegen einen unsichtbaren Feind." „Du kannst Dich auf mich diesbezüglich verlassen", antwortete Friedhelm. „Deiner Familie wird es gut ergehen und sie soll nichts vermissen. Und auch, wenn wir in der Vergangenheit nicht immer einer Meinung waren, so nimm mir dieses Versprechen ab." Jetzt lächelte auch Viktor. Er trat einen Schritt auf Friedhelm zu. Die Zeit drängte ihn. „Ich überbringe Dir noch eine Botschaft von meiner Frau", sagte Viktor. „Sie ist nur für Dich bestimmt." Er trat auf Friedhelm zu, zog seinen Dolch, den er unter seinem Umhang trug, hervor und stach blitzschnell zu. Die Klinge traf Friedhelm direkt in den Hals, unterhalb des Kehlkopfes. Friedhelm sein Lächeln verzog sich zu einem überraschten Gesichtsausdruck, als ihm die Luftzufuhr zur Kehle abgeschnitten wurde. Er umfasste den Dolch und versuchte diesen, aus seinem Hals zu ziehen, was ihm auch gelang. Aber es war bereits zu spät. Das Blut sickerte in seine Lunge und er begann, zu ersticken. Mit aufgerissenen Augen sah Friedhelm seinen Cousin an, als wenn er sagen wollte: Was soll das? Doch statt der Worte kamen nur blubbernde Geräusche aus seinem Mund. Friedhelm torkelte ein paar Schritte rückwärts, hielt sich die Hände vor die klaffende Wunde und stolperte über seinen Schreibtisch. Dort fiel er hin und blieb zuckend liegen. Viktor ging langsam auf den sterbenden Mann zu, beugte sich über ihn und sah zu, wie sein Cousin langsam erstickte. Als Friedhelms Augen endlich nach hinten rollten, suchte er den Dolch. Er fand ihn inmitten des Raums, wo sie beide noch vor kurzem gestanden hatten, er hob ihn auf und wischte die Klinge an der Kleidung des Leichnams ab. Dann stellte er sich neben der Türschwelle und wartete. Die ganze Zeit über war Viktor ruhig gewesen. Er war es gewohnt, im Auftrag des Königs zu töten. In diesem Fall gab es nur keinen Auftrag, das war etwas, was ihm Unbehagen bereitete. Er musste sich auf seine Frau verlassen, die vermutlich morgen als erstes von den Schergen des Königs befragt werden würde. Diese Gedanken gingen ihm durch den Kopf, als er neben der Tür stand und auf den Diener wartete. Viktor hatte Glück, die Leiche lag hinter dem Schreibtisch, so dass der Diener sie beim Hereinkommen nicht sofort entdecken würde. Viktor würde es darauf ankommen lassen. Endlich hörte er Schritte und hörte das Klopfen, welches der Diener auf der anderen Seite der Tür sein musste. „Komm herein, mein Freund!" rief Viktor und versteckte den Dolch unter seinen Umhang. Die Tür wurde aufgestoßen und der Diener kam mit einem jungen Mädchen herein. *Friedhelms Tochter.* Viktor begrüßte die beiden mit einem charmanten Lächeln. „Sehr erfreut, tretet ein. Friedhelm ist die Örtlichkeiten aufsuchen und wird jederzeit zurücksein." Die beiden traten herein. Das Mädchen war hübsch, Viktor hatte sie das letzte Mal gesehen, wo sie zwölf Jahre alt war. Mittlerweile musste sie um die achtzehn sein. Sie hatte langes blondes Haar und eine makellose Figur. Ihr Gesicht war von einer Schönheit, die Viktor erstaunen ließ. „Dann warten wir hier, bis er wieder da ist", sagte der Diener und stellte das Tablett mit den Gläsern und der Flasche Wein auf den Schreibtisch. „Es ist ewig her, wo wir uns das letzte Mal gesehen haben", lächelte das Mädchen ihn an. Sie ging im Zimmer umher, bewegte sich auf den Schreibtisch zu und ergriff die Flasche Wein. „Trinken wir auf unser Wiedersehen", sagte sie, immer noch lächelnd. „Wie ich hörte, willst Du in die verfluchte Stadt. Die letzte Information, die ich aus Inwald erhalten habe, war die…." Ihr Lächeln fror ein, als sie die Leiche ihres Vaters hinter dem Schreibtisch liegen sah. Nun galt es schnell zu handeln. Es würde unwürdig werden, aber Viktor hatte keine Zeit für sauberes Arbeiten. Er zog den Dolch, schnellte nach vorne und stieß die Klinge in das Auge des Dieners. Dieser stolperte nach hinten, drehte sich, in einer fast schon komischen Formation um sich selbst und blieb dann regungslos inmitten des Raumes liegen. Das Mädchen schaute immer noch verdutzt drein und öffnete gerade den Mund, um einen Schrei auszustoßen. Doch bevor sie auch nur ein Geräusch von sich geben konnte, war Viktor bei ihr und umfasste ihren Hals mit beiden Händen. So fest er konnte, fing er an, zuzudrücken. Ihr Schrei ging in einem erstickten Würgen über, ein heiseres Röcheln, mehr nicht. Sie umfasste seine Unterarme und versuchte sie, von sich wegzudrücken. Sie war nicht ansatzweise kräftig genug dafür. Viktor schob sie vor sich her. Fast sah es so aus, als würden die beiden einen Tanz aufführen, dann fiel sie hinten über und Viktor landete auf sie. Er drückte mit aller Kraft weiter. Erst als er mitbekam, dass ihre Augen anfingen, aus den Höhlen zu quellen und ihr Gesicht blau anlief, ließ er von ihr ab. Das Mädchen hatte zu diesem Zeitpunkt bereits das Bewusstsein verloren. Er kniete sich neben ihr hin und fühlte ihren Puls. Er war noch schwach spürbar. Viktor stand auf und ging zu der Leiche des Dieners, zog den Dolch aus dem Auge der Leiche und begab sich wieder zu dem bewusstlosen Mädchen. Mit einem kurzen Stich durchtrennte er die Halsschlagader des Mädchens und schaute noch eine kurze Weile zu, wie sie verblutete. Sich seiner Sache sicher, wischte er den Dolch an der Kleidung des Mädchens ab, steckte ihn zurück unter seinen Umhang und verließ den Raum. Als er zu den Wachen ging, die vor dem Eingangstor standen, rief er ihnen freundlich zu: „Habt ihr mein Pferd gut versorgt, oder muss ich es zu Hause wieder aufpäppeln?" Die Wachen lachten und einer von ihnen machte sich daran, sein Pferd zu holen. Den Wachen konnte er vertrauen, es waren Totschläger, genau wie er einer war. Söldner, die für einige wenige Taler ihr Leben riskierten und ihre Loyalität war käuflich. Viktor mochte diese Art von Menschen. Man wusste, woran man bei ihnen war. Sie lügten nicht, sie hatten nicht nötig, falsch zu spielen und ihr Gesicht zu verstecken. Sie töteten für Geld und ließen sich für Geld töten. Einfach gestrickte Männer, aus hartem Holz, nur ihrem Herrn gegenüber verpflichtet. „Soldaten"" sprach er sie an. Sie wendeten sich ihm zu. Das mochten sie, Soldaten genannt zu werden. Damit erreichte man ihre Aufmerksamkeit, damit schmeichelte man ihnen. „Hört her! Ich werde für einige Zeit fortgehen, meine Familie wird Schutz brauchen und mein jetziges Wachpersonal aufgestockt werden. Meldet Euch morgen bei meinem Stab, er wird für Euch sorgen! Seid Ihr einverstanden?" Was ist mit unserem Herrn, den Friedhelm?" fragte einer von ihnen, vermutlich derjenige, der öfter das Wort führte. Es war ein ungepflegter, grobschlächtiger Kerl, mit schwarzen Zähnen und einem schiefen Grinsen, welches bei seiner Frage noch schiefer wurde. „Er hat soeben Helgard erreicht und führt dort die Armee der Nutzlosen", antwortete Viktor. Einen Augenblick herrschte Ruhe unter den fünf Männern, die einmal die Wachen dieser Villa gewesen waren. Es schien, als brauchten sie eine Zeit, um die Antwort zu begreifen, dann, auf einmal, brachen sie in schallendes Gelächter aus. „Holt sein Pferd und sattelt es", befahl der ungepflegte Kerl mit dem schiefen Grinsen, noch immer lachend. Sofort rannte der Jüngste unter ihnen los und kam augenblicklich mit Viktors Pferd zurück. Ein anderer von ihnen sattelte es und streichelte das Pferd liebevoll über den Kopf. Viktor stieg auf und holte einen kleinen Ledersack aus seinem Umhang. „Sodann meine Getreuen", rief er, während er fünf Silbertaler aus dem kleinen Ledersack holte und jedem eine Münze zuwarf. „Meldet euch, wie ich es euch geheißen habe bei meinem Stab und sorgt für bedingungslose Sicherheit. Es soll nicht zu eurem Nachteil sein!" Sie salutierten, ergriffen das Silber, was sie aufgefangen hatten und betrachteten es gierig. Viktor gab seinem Pferd die Sporen und ritt davon. Er brauchte unbedingt noch ein paar Stunden Schlaf, bevor er aufbrechen wollte. Zuhause angekommen, streifte er seinen Umhang ab, wusch sich und begab sich ins Bett zu seiner Frau. Er schlief sofort ein.

Als seine Frau am nächsten Morgen das Frühstück vorbereitete, saß Viktor bereits am Esstisch und studierte die Route, welche nach Inwald führte. Die Karte war alt und es gab nicht viele Wege, die dorthin führten, aber eine ungefähre Richtung konnte er ausmachen. Er rechnete mit zwei Tagen, die er brauchen würde. Er überlegte, ob er nicht doch lieber einen Knappen mitnehmen sollte, entschied sich aber doch dagegen. Dieser Auftrag war ihm persönlich übergeben worden und was immer auch in Inwald für die Todesfälle verantwortlich war, der König wollte gewiss nicht, dass irgendetwas davon nach außen drang. Schon gar nicht, wenn es die Sicherheit des Heiligen Reiches irgendwie auch nur annähernd gefährden könnte. „Du warst gestern lange weg", unterbrach seine Frau seine Gedanken. „Hast Du erledigt, was Du erledigen musstest?" Er schaute sie an und wusste, dass sie es wusste. Er verspürte keinerlei Gewissensbisse, dafür war sein Verstand viel zu pragmatisch veranlagt. Überhaupt der Gedanke, dass irgendwas an dem, was er gestern getan hatte, falsch gewesen sein könnte, kam ihm nicht mal für den Bruchteil einer Sekunde. Aber seine Frau, die wollte, die konnte er nicht belügen. Er verstand nichts von Liebe, so viel war sicher, er hatte aber ein eigenes moralisches Empfinden, welches er sich selber sein ganzes Leben antrainiert hatte, welches ihm antrainiert wurde. Dazu gehörte, seine Frau nicht zu belügen. Er stand vom Tisch auf, begab sich zu ihr und küsste sie auf die Stirn. „Ich komme bald zurück, das verspreche ich", sagte er und hielt sie dabei fest. „Ich

weiß, dass Du Dein Versprechen halten wirst",
entgegnete sie ihm und sah ihn liebevoll an. Zufrieden
mit diesem kurzen, aber ehrlichen Gesprächsverlauf,
ging er nach oben, öffnete die Tür zum Kinderzimmer
und trat ein. Die Kinder mussten bald hoch und in die
Ritterakademie, aber noch schliefen sie und Viktor
wollte sie nicht aus ihrem Schlaf reißen. Er beugte sich
über sie und küsste allen beiden auf die Stirn. Sie regten
sich leicht, wälzten sich dabei und schliefen gleich
weiter. Viktor verließ das Kinderzimmer und begab sich
wieder zum Küchentisch, wo seine Frau gerade die
Esspakete für die Reise zusammenschnürte. Der
Knappe war schon dabei, das Pferd zu satteln und
verstaute Decken, Kissen, Kleidung, sowie
Wasserschläuche und das Schwert auf dem Pferd und
band alles ordnungsgemäß zusammen, so dass nichts
herunterfallen konnte. „Nachher kommen neue
Wachen", sagte Viktor zu ihm. „Nimm sie in Deine
Obhut und bilde sie aus. Entlohne sie gut, wenn sie ihre
Loyalität unter Beweis stellen. Aber beobachte sie. Sollte
ein Verräter unter ihnen sein, erschlage ihn auf der
Stelle." Der Knappe nickte und machte sich weiter
daran, das Pferd für die Reise vorzubereiten.

Inwald war ungefähr zwei Tagesritte von seiner Heimat
entfernt. Er verstaute die Karte in seinem Umhang und
stieg auf das Pferd. Alles Wichtige war gesagt worden,
alles Notwendige war erledigt. Er überlegte noch
einmal, welche Gefahren auf ihn lauern könnten.
Inwald lag hoch im Norden, eine Gegend, die er nur
vom Hörensagen her kannte. Den alten Überlieferungen
nach, gab es dort Wiedergänger. Viktor war noch nie
einem Wiedergänger begegnet, wusste aber, sollte er je

einen zu Gesicht bekommen, würde er ihn erschlagen müssen, bevor er diesem in die Hände fiel. Und weiter nördlich soll es sogar ein Haus geben, in dem man, sobald man es betritt, an einen anderen Ort wieder herauskam. Viktor kannte die alten Geschichten und fragte sich, ob die etwas mit dem schwarzen Tod zu tun haben könnten. Sein Vorstellungsvermögen reichte allerdings nicht so weit, also war es das Beste, es selbst herauszufinden. Er gab seinem Pferd die Sporen, grüßte die Wachen am Tor und ritt davon. Währenddessen stand seine Frau im Obergeschoss ihres Hauses am Schlafzimmerfenster und sah ihren Mann davonreiten.

Thyr

Viktor erreichte schon nach kurzer Zeit die Stadtgrenze. Er entschied sich, langsamer zu reiten, so sparte er Kräfte und schonte sein Pferd. So galoppierte er in, fast schon Schrittgeschwindigkeit, seinen Weg weiter. Gelegentlich schaute er auf die Karte, wusste aber ehrlich gesagt nicht, ob er auf dem richtigen Weg war, vermutete es aber. Er war mit Sonnenaufgang losgeritten und kannte den Verlauf der Sonne. Danach würde er sich richten. Er bekam Durst und griff nach dem Wasserschlauch, entschied sich jedoch dagegen. Das Wasser konnte noch knapp werden und gerade in Inwald soll es kein sauberes Wasser mehr geben. Er würde sparsam haushalten müssen. So ritt er weiter und erreichte schließlich einen Fluss. Dort ließ Viktor sein Pferd trinken, nahm einen kräftigen Schluck aus seinem Wasserschlauch und füllte ihn am Rande des Flusses wieder auf. Es war heiß in der Mittagshitze. Die restlichen Häuser der Umgebung, die noch zum Heiligen Reich gehörten, lagen bereits ein paar Stunden hinter ihm. Der Weg hatte schon vor einigen Stunden aufgehört, ein richtiger Weg zu sein und ging in einem Trampelpfad über. Als dieser auch noch endete und er über monotone Steppe zu reiten begann, orientierte er sich letztendlich nach der Sonne und seiner Karte. Als er so am Fluss stand und über das Ufer blickte, bemerkte er den Sonnenstand und ihm wurde bewusst, dass er sich komplett in der Zeit vertan hatte. Er hatte gerade mal einen Bruchteil der -Strecke zurückgelegt und ein ganzer Tag war bereits so gut wie verstrichen. Er schaute wieder auf die Karte und sah einen Fluss eingezeichnet und konnte somit seinen Standpunkt besser einordnen. Laut Karte müsste er nun diesen Fluss überqueren. Er war auch nicht sonderlich breit, ungefähr zehn Fuß breit und die Strömung war gemächlich. Da Viktor nicht daran glaubte, dass Drachen in einem so kleinen Fluss existierten, obwohl immer wieder von ihnen berichtet wurde, stieg er vom Pferd und ging ans Ufer. Die Sonne stand jetzt seitlich am Himmel, die Dämmerung würde bald einsetzen. Er würde sich hier in der Nähe ein Lager zurechtmachen und sich von dem Ritt erholen. Plötzlich sah er eine Bewegung am anderen Ende des Flusses. Er kniff die Augen zusammen und schaute angestrengt ans andere Ufer. Dort schien jemand zu sitzen. Wer, oder was, konnte Viktor nicht erkennen. Wer immer es war, dieser jemand konnte ihm sicherlich einen kürzeren Weg nennen. Er sattelte auf und führte sein Pferd langsam durch das Flussbett. Das Pferd scheute nicht und trabte langsam ins Wasser. Viktor wusste, wenn das Wasser lebensbedrohlich tief wurde, würde das Pferd von sich aus umkehren, ansonsten würde es von alleine weitergehen. Viktor brauchte es nur leicht führen und sein Pferd wusste, was es zu tun hatte. Viktor fragte sich nicht zum ersten Mal, wie intelligent dieses Tier wohl wirklich war. Immer tiefer glitten sie beide ins Flußbett, seine Beine waren nun bis zu den Knien im Wasser. Das Pferd ging langsam weiter. Irgendwann schaute nur noch der Kopf des Pferdes heraus, doch da waren sie schon in der Mitte des Flusses angelangt. Jetzt müsste es eigentlich wieder flacher werden, dachte Viktor und das wurde es auch. Gemeinsam stiegen sie aus dem Flussbett empor und gelangten an das Ufer der anderen Seite. Viktor streichelte den Kopf des Pferdes. „Bist ein tapferer Geselle", sagte er zu dem Tier. Das Tier blieb stehen und schüttelte seine nasse Mähne, so dass Viktor davon das meiste abbekam. Er lachte und schaute zu der Gestalt, die am Flussufer saß. Dort saß ein alter Mann, er musste wesentlich älter sein als Viktors Eltern heutzutage, würden sie noch leben. Er schien Viktor nicht zu bemerken und starrte in den Fluss. „Sei gegrüßt!" rief Viktor ihm zu. Die alte knorrige Gestalt drehte sich um und Viktor schaute in das Gesicht eines kleinen Jungen. Er erschrak. Nicht vor dem Jungen, aber vor der ganzen, unförmigen Gestalt. Dieser Junge war seinem Gesicht nach zu urteilen, höchstens zehn Jahre alt. Sein Körper allerdings, ja die gesamte Haltung des Jungen, verhöhnte das Alter. Er war krummbuckelig, auf seinem Rücken schien eine Art Höcker gewachsen zu sein, wie diese Tiere aus den fernen Kontinenten, von denen seine Großeltern ihm immer erzählt haben. Er konnte sich nur nicht mehr an die Namen der Tiere erinnern. Die dürren Beine des Jungen schienen wie

Streichhölzer, sie wirkten viel zu dünn, als dass sie diesen Rücken mit seinem Aufwuchs überhaupt tragen konnten. Die Arme des Jungen wirkten wie dürre Äste, die vertrocknet an einem toten Baum hingen und beim nächsten Windstoß abbrechen würden. Diese ganze Person, ja diese ganze Erscheinung des Jungen, erschreckte Viktor. Es stieß ihn förmlich ab. Was er hier sah, war nicht nur hässlich, das wäre ihm egal gewesen, es war *fremd*. Dieses Fremde, mit dem er schlagkräftig konfrontiert wurde, dieses Geschöpf, welches jedes Naturgesetz und jede göttliche Kraft zu verhöhnen schien, ängstigte ihn dermaßen, dass er verstummte und nach Worten suchen musste. Er stieg vom Pferd, ohne den Jungen aus den Augen zu lassen. Langsam, mit der Hand am Dolchgriff, ging er auf den Jungen zu. „Wie heißt Du?" fragte er den Jungen. Der missgebildete Junge blinzelte ihn an „Mein Name ist Troi", erwiderte der Junge. „Ich warte hier auf meine Schwester. Sie wollte herkommen und mit mir Ball spielen. Seid ihr ein Ritter?" Viktor bejahte und bemerkte eine Gestalt, die aus dem Gras auf sie beide zukam. Es war ein Mädchen. Sie musste im selben Alter wie der Junge sein. Das Gesicht des Jungen hellte sich auf. "Da bist Du ja!" rief er in die Richtung des Mädchens. Sie winkte zurück. Viktor, welcher schon viele Abscheulichkeiten in seinem Leben gesehen hatte, versetzte es einen weiteren Schlag gegen seinen gesunden Menschenverstand. Das Mädchen, es musste um die zehn Jahre alt sein, schien auf dem ersten Blick ein ganz normales Mädchen zu sein. Als der Ritter jedoch ihr Gesicht erblickte, wurde er von derartigem Grauen erfasst, dass er am liebsten geschrien hätte. Das linke Auge des Mädchens war so übernatürlich riesig, dass es fast die Hälfte ihres Gesichtes bedeckte. Das rechte Auge hingegen, wirkte ganz normal. Das andere jedoch, Viktor wurde fast übel, bei dem Anblick, war groß, es hing ihr fast bis zu der einen Mundwinkelhälfte hinunter. Es war von roten Adern durchzogen und tränte. Die Tränenflüssigkeit lief ihr dabei über das Kinn den Hals hinunter und durchnässte ihr oberes Kleiderteil. Viktor sah, wie die weibliche Kreatur einen Sack trug, ihn öffnete und einen Ball herausholte. Sie warf den Ball den Jungen zu, der ihn gekonnt mit dem Fuß abfing und dem Ritter zuspielte. Viktor blickte hinunter auf den Ball und die toten Augen einer Frau sahen ihn an. Er schrie auf, rannte zum Pferd zurück und band hastig sein Schwert vom Sattel los. Er zog es aus der Scheide und richtete es auf die beiden kinderähnlichen Kreaturen. „Bleibt mir ja vom Leib, ihr Monster!" schrie er. Das groteske Gesicht des Mädchens bildete eine Grimasse, welche wohl Furcht ausdrücken sollte. Ihre Mundwinkel verzogen sich, was ihr Gesicht nur noch abscheulicher wirken ließ. Der missgebildete Junge sah ihn an. „Gib uns den Ball zurück! Du hast gar kein Recht, hier mit uns zu spielen. Du willst meiner Schwester nur Angst machen!" Da er aufgrund seines missgebildeten Rückens und seiner spindeldürren Beine nicht laufen konnte, bewegte er sich langsam, ja er robbte fast, auf den Menschenkopf zu und umfasste ihn mit beiden Händen. „Verschwindet von hier, ihr Unholde, oder ich töte Euch, habt Ihr verstanden!" rief Viktor, noch immer erstarrt vor Schreck. Das Mädchen, welches zu Fuß besser unterwegs war, wie der Junge, umfasste den Jungen an der Schulter und zog ihn mit sich fort. Viktor sah ihnen noch eine Weile hinterher, ehe sie im hohen Gras verschwanden. Als sie eine Weile

fort waren, steckte er sein Schwert wieder ein, stieg auf
sein Pferd und beschloss, diese Seite des Flusses
weiterzureiten. Obwohl es keine Wege gab, musste er
der Sonne, die jetzt langsam untergehen sollte, folgen.
Übernachten wollte er hier auf keinen Fall. Er fürchtete
sich nicht mehr, hatte jedoch Bedenken, im Schlaf von
diesen Kreaturen, die sich anscheinend im Gras
versteckt hielten, überrascht zu werden. So würde er
lieber weiterreiten, und weiter nördlich ein Nachtlager
einrichten. Er war jetzt schon wieder ungefähr eine
Stunde unterwegs, die Gedanken an die beiden
Kreaturen in Kindsgestalten jedoch verfolgten ihn noch
immer. „Mein Name ist Troi", hatte der Junge gesagt.
Troi war ein menschlicher Name. Aber die Gestalt, die
er gesehen hatte, war nur bedingt menschlich. Dass die
beiden einen Menschenkopf als Ball benutzten,
unterstrich nur ihre Unmenschlichkeit. Als er durch das
hohe Gras galoppierte, entdeckte er etwas weiter vor
sich ein Holzschild. „Sehr gut", dachte er. „Wenn ich
den Namen des Ortes habe, kann ich mich wieder
orientieren". Er ritt auf das Holzschild zu. Es war ein
rechteckiges Schild, welche auf einem schiefen Pfahl
aufgesetzt war. Das Schild ragte noch in die Erde, sah
aber so aus, als würde jeder kleine Windstoß es
umfallen lassen. Viktor las die Inschrift. THYR.
Langsam stieg er vom Pferd, nahm einen Schluck
Wasser und ging auf das Holzschild zu. Angekommen,
berührte er es leicht mit der Hand. Obwohl es so schief
war, steckte es fest im Boden. Eine riesige, schwarze
Spinne, so groß wie eine Handfläche, kroch unter dem
Holzschild hervor und ließ sich ins Gras fallen, wo sie
verschwand. Solche großen Spinnen waren
ungewöhnlich. Gut, er hatte schon von Spinnen gehört,

die so groß waren, sie Hunde. Aber die kamen nur ganz selten vor, dass wusste Viktor. Und auch nur dort, wo keine Menschen lebten. *Hier leben keine Menschen,* dachte er und erschauerte wieder. Thyr. Er starrte wie gebannt auf das Ortsschild und etwas in ihm dämmerte. Den Namen kannte er. Thyr. Und langsam kam es wieder zum Vorschein. Die alten Geschichten, welche sich seit Jahrzehnten in seinem Unterbewusstsein aufhielten, welche seine Eltern, seine Großeltern ihm immer erzählten, als er noch ein Kind war. Aber das konnte unmöglich sein. Er konnte nicht in dem Thyr sein, worüber er das letzte Mal als Kind etwas gehört hat. Er überlegte, durchforstete seinen Verstand nach einer Erklärung und langsam stieg die alte Geschichte wieder in ihm hoch, die sein Großvater erzählte.

Damals, als noch die alten Götter auf der Welt herrschten und die Menschen ihre Gunst durch Kampf oder Fleiß erwarben, lebte, etwa zwei Tagesritte nördlich des Heiligen Reiches, das Volk der Thyr. Die Thyr waren ein Volk, welches sich durch ein besonderes Handwerk hervortaten. Sie schufen Waffen. Sie schufen sie und verkauften diese. Dabei hatten sie das Glück, dass die Thyr auf einen besonders hohen Vorrat an Eisenerz, Kupfer und anderen wertvollen Metallen verfügten. Diejenigen der Thyr, welche nicht an der Herstellung von Waffen verdienten, arbeiteten Untertage in großen Mienen und schufen riesige Mengen an Metallen zum Vorschein. Diese Waffen waren, aufgrund der Reinheit des Metalls, besonders begehrt, so natürlich auch im Heiligen Reich. Die Thyr waren also sehr fleißige, wie ebenso geschickte Handwerker und Händler. Die Mengen an Metall, welche die Thyr an die Oberfläche schafften, schienen nicht zu versiegen. Der Vorrat schien unendlich. Der damalige König des Heiligen Reiches, er war klug, allerdings nicht so klug, um vorauszusehen, was passieren sollte, beschloss eines Tages, er war gerade mit seinem Adel beim Abendessen, das Volk der Thyr anzugreifen und ihnen die Bodenschätze zu stehlen. Da das Volk der Thyr aber mittlerweile Freunde und Verbündete im ganzen Heiligen Reich hatte, war das Unterfangen riskant und einen Krieg mit zwei oder drei Nachbarstädten konnte man sich nicht wirklich leisten. Also traf der König mit den anderen Reichen ein Abkommen und sie entwickelten einen perfiden Plan. Sie umstellten die Stadtmauern mit Soldaten und gaben Anweisung, jeden Thyr, der es wagen sollte, die Stadt zu verlassen, zu töten. Den Thyr selbst wurde die Bedingung gestellt, sämtliches Eisenerz und andere Metalle an die Belagerer auszuliefern. Die Thyr jedoch, dachten gar nicht daran, ihr Eisenerz abzugeben und was folgte, war ein immenser Schwarzhandel zwischen den Thyr und den übrigen Völkern. Der König des Heiligen Reiches war darüber so erbost, dass er in die Stadt einfiel und sämtliche Händler nun mit einem Berufsverbot belegte. Die Minenarbeiter, sowie die Waffenhersteller konnte er schlecht bestrafen, war er doch auf deren Arbeitskraft, Kenntnisse Untertage, sowie auf ihr handwerkliches Geschick angewiesen. Durch das Berufsverbot, waren also die Händler nicht mehr in der Lage, die selbsthergestellten Waffen zu verkaufen. Damit war schon bald ein gesamter Berufszweig vom Aussterben bedroht und die ehemaligen Händler gerieten schnell in wirtschaftliche Not. Es dauerte nicht lange, die Händler waren sehr schlaue Leute, da fingen die Ehefrauen der Händler an, Bordelle zu eröffnen. Dort verkauften sie ihre eigenen Körper, um dieses, zugebenermaßen zweifelhaft erwirtschaftete Geld, wieder ihren Ehemännern zukommen zu lassen. Diese nahmen nun das Geld von ihren Ehefrauen und verliehen es an den Adel. Und nicht nur das, sie verliehen Geld und verlangten einen größeren Betrag zurück. So veränderte die Zwangsherrschaft des Königs einen ganzen Wirtschaftszweig, welcher am Ende dennoch unter dem Einfluss der Händler blieb. Das geförderte Metall aus den Minen, wurde lediglich für Geschirr und Werkzeug hergestellt, an Waffen dachte bald keiner mehr. Und auch die Besatzer verloren schon bald das Interesse an den Thyr und sahen ein, dass dieser Plan, die Thyr zu unterjochen, sich als Fehlschlag erwiesen hatte. Sie begannen die Berufsverbote aufzuheben und fingen langsam den Handel mit den Thyr wieder an. Die Minenarbeiter jedoch, welche immer weiter unter Tage die kostbaren Metalle schürften, hatten in der Zwischenzeit ein ganz besonders seltenes Metall entdeckt. Niemand hatte es zuvor gesehen. Man erzählte sich, dieses Metall wäre von so einer Reinheit, dass es im Dunkeln geglüht hatte, als Arbeiter es fanden. Dieses Metall war auch härter, als alles, was sie vorher verarbeitet hatten. Die Thyr begannen sofort, Geschirr, Waffen und Essbesteck daraus zu fertigen. Alles, was aus diesem Metall hergestellt wurde, wurde teuer gehandelt. Es war das teuerste Metall, was Thyr zu bieten hatte und nur wenige Menschen konnten sich einen Becher aus diesem Metall leisten. Was die Thyr nicht wussten und was ihnen zum Verhängnis werden sollte: Dieses Metall war vergiftet. Es zeigte sich erst spät, dass das Metall diese Vergiftungen verursacht hatte, lange dachte man an eine Lebensmittelvergiftung oder an schmutziges Brunnenwasser. Aber es war das Metall. Die ersten Symptome waren, dass den Menschen die Haare ausfielen, danach die Fingernägel und schließlich starben sie einfach. Die Krankheit zog sich durch ganz Thyr und die umliegenden Königreiche verhängten schon bald eine Quarantäne über das Volk. Einige Thyr waren allerdings immun gegen die Krankheit, gut, ihnen fielen die Haare aus und sie bekamen einen großen Wasserkopf, starben aber nicht sofort, sondern erreichten ein relativ hohes Alter. Allerdings waren die Kinder und Enkel dieser Leute allesamt missgebildet. Sie waren von so derartiger Abscheulichkeit gesegnet, dass die Eltern der missgebildeten Kinder ihre eigenen Sprösslinge oftmals nach der Geburt in den Fluss warfen. Trotzdem blieb ein gewisser Anteil der Thyr am Leben und existierte weiter. Dieses Metall, es schien eine Art Strahlung zu haben, welches die Umwelt vergiftete, wurde weiter gefördert und Geschirr und Waffen daraus hergestellt. Aber auch, wenn einige Thyr gegen die Krankheit immun wurden, die Tiere waren es nicht. Schweine, Kühe, Schafe, alles, was lebte, wurde praktisch dahingerafft. Und auch, wenn sie versuchten, einige Schafe und Schweine zu züchten, so überlebte der Nachwuchs nicht und irgendwann waren die letzten Tiere unfruchtbar. So begannen die Thyr, aus der Not heraus, den Kannibalismus zu frönen. Nicht, dass die Thyr Kannibalen gewesen wären, dass nun wahrlich nicht, jedoch folgte dem Hunger religiösem Fanatismus und der Fanatismus, gepaart mit der Gewissheit des eigenen verderblichen Schicksals, führte zu Kannibalismus. So begannen sie, vom Fleische ihres Nächsten zu essen und taten dies bald, um zu überleben. Und dieser Kannibalismus machte die letzten Thyr, sofern sie zu diesem Zeitpunkt noch Thyr waren, endgültig geisteskrank.

Viktor stand noch eine ganze Weile am Schild, wie lange, wusste er nicht. Er war völlig in Gedanken versunken und die Gedanken, welche in seinem Kopf umherkreisten, waren voller Trauer. Er dachte an die beiden Gestalten zurück, welche er am Fluss begegnet war und empfand jetzt so etwas wie Mitleid. Die Menschen in Inwald hatten wenigstens die Gnade, zu sterben. Die Thyr allerdings waren verflucht. Sie waren verdammt, bis irgendein barmherziger Gott, an dem sie vor langer Zeit geglaubt hatten, sie vor ihrem elendigen Schicksal erlöste. Aber das würde nicht passieren und Viktor wusste das. Götter, die so grausam mit ihren Untertanen umgingen, waren für gewöhnlich grausame Götter. Sie waren zynisch und voller Verachtung jeglichen Lebens gegenüber. Warum? Nun, das wussten nur die Götter selbst. Langsam richtete er seinen Blick wieder auf das Pferd, welches hinter ihm stand. Er musste sich schleunigst ein Nachtlager suchen, wenn er nicht von den Thyr in der Dunkelheit überrascht werden wollte. Er stieg hastig auf sein Pferd, gab ihm die Sporen und ritt, so schnell er konnte, weiter Richtung Norden. Nur weg von dieser verfluchten Stadt und dessen verrückten Bewohnern.

Miriam

Miriam hatte die Kinder ins Bett gebracht und fing an, das Essen für den nächsten Tag vorzubereiten. Seit ihr Mann fortgeritten war, dachte sie ständig daran, ob er wohl mittlerweile angekommen wäre. Das war eigentlich unmöglich. Viktor erzählte zwar, die Reise würde nur zwei Tage dauern, aber das war unvorstellbar. Viktor erzählte ihr oft Sachen, die nicht stimmten, hauptsächlich, um sie nicht zu beunruhigen. Miriam tat dann meistens so, als wenn sie ihm zustimmte, aber in Wirklichkeit wusste sie es besser. Wie auch in diesem Fall, wo sie genau wusste, dass der Weg länger dauern würde. „Er wird bestimmt eine Woche unterwegs sein", dachte sie bei sich. Sie war dankbar für das, was Viktor am Abend vor der Abreise getan hatte. Sicher, es war riskant, gerade seinen eigenen Cousin, der auch noch Oberbefehlshaber der königlichen Armee war, zu töten, aber sie wusste, er tat es für sie und gerade, weil es so riskant war, war sie in ihrem Inneren gerührt und sie verspürte eine tiefe Dankbarkeit. Er sagte zwar nichts, als er an dem besagten Abend nach Hause kam, aber das musste er auch nicht. Sie wusste es einfach. Sie las es in seinen Augen. Hatte er noch jemanden ermordet, als er auf der Flucht aus der Villa war? Gut möglich. Viktor war so veranlagt. Er war eiskalt, ein Mörder, der vor nichts zurückschreckte, aber gleichzeitig auch ein liebender Ehemann und treusorgender Vater. Sollte Viktor noch jemanden umgebracht haben, an diesem Abend, *mein Gott*, dachte sie, *ich will es nicht wissen*. Aber in diesem Moment, wo der Tag war zu Ende ging und die Kinder langsam schliefen, dachte sie darüber nach, was passieren würde, käme er tatsächlich nicht zurück. Das Schicksal, mit Friedhelm den Lebensbund weiterzuführen, blieb ihr erspart, aber was sollte aus ihr werden, wenn Viktor nicht zurückkam? War es nicht etwas egoistisch von Viktor, sie ohne Obhut zurückzulassen? Ohne Obhut, die sich ihrer annahm, die sich vor allem der Kinder annahm, war sie entweder vogelfrei, oder musste in ein Kloster. „Er kommt zurück", ermahnte sie sich. „Denk jetzt nicht an sowas". Während sie ihren trübseligen Gedanken nachhing, kam Viktors Knappe herein. „Jemand möchte Dich sprechen, Miriam". Miriam schrak hoch und sah den Knappen an. „Hat das nicht bis morgen Zeit?" giftete sie ihn an. „Ich habe zu tun. Schick ihn fort, wer immer es sein mag". „Es ist Ewald", sagte der Knappe. „Miriam horchte auf. Ewald, Friedhelms Sohn, verlangte nach ihr? Dann musste gestern Nacht noch etwas passiert sein, vermutlich etwas Schlimmes. „Schick ihn rein, ins Arbeitszimmer von Viktor. Aber bleib in der Nähe", forderte sie ihn auf. Sein Blick deutete ihr, dass er verstanden hatte. Sie ging über den langen Flur der Villa in das Arbeitszimmer, zu dem nur Viktor selbst Zugang hatte. Aber sie konnte Ewald ja nun nicht in der Küche empfangen. Ein paar Sekunden später, sie war gerade im Arbeitszimmer angekommen, wo sie sich an den Schreibtisch setzte, als die Tür aufgestoßen wurde und ein junger Mann hereinstürmte. Miriam musterte ihn. Er war um die zwanzig, sah wirklich gut aus und hatte ein Schwert dabei, welches, diesen Eindruck machte er zumindest im ersten Augenblick, er auch jederzeit gerne benutzte. Er hatte, trotz seines jungen Aussehens, etwas Wildes, etwas Verdorbenes an sich, welches Miriam gefiel. Er schritt geradewegs auf den Schreibtisch zu, an welchem sie saß. Sie beschloss, in die Offensive zu gehen. „Warum meldest Du nicht vorher an, bevor Du hier aufschlägst", fuhr sie ihn an. „Nenn mir einen guten Grund, bevor ich die Wachen rufe!" „Er sah sie mit einer Kaltschnäuzigkeit an, dass ihr mulmig wurde. „Ich bitte um Verzeihung", spottete er. „Hätte ich gewusst, dass Du alleine hier bist, hätte ich mich selbstverständlich angemeldet." „Also", sagte sie, „was willst Du?" Er ging langsam im Zimmer hin und her, kam zum Schreibtisch zurück und strich mit der Hand über das schwere Eichenholz, aus dem der Tisch gebaut war. „Nun", begann er. „Heute Morgen, ich war gerade auf dem Weg in die Villa meines Vaters, da dachte ich mir, was das wohl für eine Demütigung für Deinen Viktor sein müsste, wenn er sein Hab und Gut, einschließlich seiner Familie, an meinen Vater übergeben müsste. Gesetz dem Fall, er würde nicht mehr aus Inwald zurückkommen. Ich stellte mir bildhaft vor, welches Gedankenspiel durch den Kopf Deines Mannes gegangen sein muss. So etwas ist nicht einfach, für Niemanden. Da dem aber so war und das Gesetz für solche Eventualitäten aus gutem Grund vorgesorgt hat", fuhr Ewald weiter fort, „hatte sich mein Vater entschieden, eine Stiftung zu gründen, welche, sollte Viktor tatsächlich nicht wiederkommen, für Dich und Deine Kinder gesorgt hätte. Natürlich wäre ein Großteil Deines Vermögens, also deine schöne Villa, in der Ihr so fürstlich gewohnt habt, mit in den Stiftungsfond eingeflossen, aber es wäre das kleinere Übel gewesen, wenn man sich die Alternativen einmal angeschaut hätte. Du wärst entweder mit Viktor verheiratet worden, woran er allerdings herzlich wenig Interesse zeigte, Du wärst als Flittchen in irgendeiner

Männergesellschaft untergegangen, oder hättest Deinen Lebensabend in ein Kloster verbringen können. Alles Aussichten, die nicht sonderlich rosig sind, wie Du zugeben musst." Miriam schluckte. „Das ist sehr nett von Friedhelm", sagte sie dann. „Aber Viktor wird zurückkommen. Ich weiß es." „Das spielt leider keine Rolle mehr", sage Ewald, jetzt sang er schon beinahe. „Mein alter Herr ist nämlich tot. Und nicht nur er, auch sein treuer Diener ist tot. Aber das ist nicht das Schlimmste und das ist auch nicht der Grund, wessen ich hier bin." Viktor schaute sich im Zimmer um. Miriam wusste, dass der Knappe vor der Tür stand, überlegte, ihn hereinzurufen, tat es dann aber doch nicht. „Du glaubst doch nicht allen Ernstes, dass Viktor was mit dem Tod Deines Vaters zu tun hat", rief sie empört, obwohl sie es selber besser wusste. „Ich glaube es nicht nur", sagte Ewald im gleichen beiläufigen Ton, als würde er die Nachrichten über das Wetter überbringen, „ich weiß es". Aber wie gesagt, es ist nicht der Tod meines nichtsnutzigen alten Herrn, der sogar eine Stiftung für eine baldige Witwe gründen wollte, welches mich so erzürnt. Ebenso wenig, dass sein dämlicher Diener Deinem Mann vermutlich bei seiner Tat im Weg stand. Es ist etwas ganz Anderes. Es ist meine kleine Schwester, die Dein Mann auf seiner Mordreise mitgenommen hat". Seine Stimme klang jetzt nicht mehr, wie eine beiläufige Unterhaltung, sie bekam jetzt einen drohenden Unterton, sie zischte jetzt fast, ja, er sprach so, als würde er die Wörter durch geschlossene Lippen pressen, was er vermutlich auch tat. „Das glaub ich nicht", flüsterte sie. Sie bekam plötzlich Angst. Wenn das wahr ist, was Ewald erzählte und sie wusste, dass es stimmte, Viktor war zu so etwas fähig, dann war er ein Mörder. Und sie war die Frau eines gesuchten Mörders und Ewald wusste das und würde diese Karte voll ausspielen. „Es ist egal, was Du glaubst", fuhr er fort. „Der König wurde mittlerweile unterrichtet und sollte Dein Mann es jemals aus Inwald wieder in das Heilige Reich zurückschaffen, so ist er ein toter Mann. Man wird ihn wegen Mordes aufhängen und glaub mir, ich kann kaum erwarten, Deinen Mann an einen Baum hängen zu sehen. Und was die Stiftung betrifft, nun, da mein alter Herr nicht mehr unter den Lebenden weilt, ebenso wenig wie meine Schwester, geht das Stiftungsvermögen auf meinen Besitz über. Und da das Stiftungsvermögen auch die Villa enthält, auf der wir uns gerade befinden und so freundlich unterhalten, geht auch diese in meinen Besitz über, mit allem was sich darauf befindet." Jetzt grinste er sie breit an. „Ich bin ja nun wahrlich kein Sadist, nur ich würde mich sehr freuen, zu sehen, wie Du zukünftig die Pferdeställe saubermachst. Ebenso könnten die Knappen, sowie die Stallburschen ein wenig Abwechslung gebrauchen. Ich nenne das ein gutes Geschäft." Jetzt strahlte er sie über das ganze Gesicht an. „Das mit dem Kloster, schlag Dir das aus dem Kopf", höhnte er. „Eine Witwe, deren Mann ein gesuchter Mörder ist, wird in ihrem gesamten kümmerlichen Leben keinen Fuß auch nur in die Nähe eines Klosters setzen. Aber das weißt Du sicherlich selbst und hast Dir mit Deinem Mann die Konsequenzen sicherlich gut überlegt. Dir bleibt natürlich noch der Freitod, " sagte er lächelnd. Dann nahm er einen Dolch, den er unter seinem Mantel trug und legte ihn auf den Schreibtisch. „Ich wünsche Dir eine gute Nacht." Mit diesen Worten drehte er sich um und verließ das Zimmer. Miriam blieb noch eine Weile sitzen, stand dann auf und nahm den Dolch zur Hand. Sie zitterte am ganzen Körper. „Noch nicht", dachte sie. „Noch ist es nicht soweit".

Ankunft

Zu dieser Zeit hatte Viktor bereits sein Nachtlager aufgeschlagen und ein Feuer entzündet. Das Feuer würde die merkwürdigen Kreaturen fernhalten, so hoffte er. Einmal sah er eine Katze mit fünf Beinen, er sah eine Frau mit Spinnenbeinen, die auf sie zu lauern schien. Als Viktor ihr jedoch scheinbar doch zu nahe kam, verschwand sie im hohen Gras und versteckte sich vermutlich in einer Höhle, tief unter der Erde. Das Feuer schien hell genug und er legte noch Holz nach, was er in nähere Umgehung gesammelt hatte. Er beschloss, so ein großes Feuer zu machen, das dieses die ganze Nacht durchbrennen würde. Das tat er auch und er konnte dann in einen erholsamen Schlaf fallen. Als er am frühen Morgen aufwachte und feststellte, dass er noch lebte, war er sich sicher, dass das Feuer ihm das Leben gerettet hatte. Er aß ein Wenig von dem getrockneten Fleisch, welches seine Frau ihm mitgegeben hatte und nahm einen Schluck aus dem Wasserschlauch. Er fühlte sich jetzt ausgeruht und wollte so viel an Strecke zurücklegen, wie es möglich war. Er war froh, als er endlich unterwegs war und das verfluchte Thyr hinter sich lassen konnte. Er ritt weiter, vorbei an alten, verlassenen Dörfern, vorbei an Waldessrändern, vorbei an Flüssen, die so schwarz waren, als hätten die Götter schon vor Jahrhunderten diesem Wasser jegliches Leben ausgehaucht. Und dennoch sah er, wie sich in den schwarzen Fluten etwas regte. Etwas, was so groß war, dass es unmöglich ein Fisch gewesen sein konnte. Er ritt weiter und kam schließlich in ein Dorf, welches den Anschein erweckte, als lebte hier keiner. Dann sah er aber Licht in einen der Häuser und beschloss, zu fragen, welches der kürzeste Weg nach Inwald sei. Die Karte war zwar hilfreich, aber viele Flüsse, viele Wälder, an denen er vorbeigeritten war, waren nicht eingezeichnet und es war gut möglich, sich auf dieser Reise zu verirren. Er war gerade von dem Pferd abgestiegen, da öffnete sich die Tür des Hauses und eine alte Frau, mein Gott, wie war wirklich uralt, kam zum Vorschein. Sie war nicht nur alt, sie war auch klapperdürr, als hätte sie wochenlang nichts gegessen. Die Haare fielen ihr aus und ihr Kopf sah aus wie ein Totenschädel. Viktor wäre am liebsten weitergeritten, aber was sollte diese alte Frau ihm schon antun. „Du willst nach Inwald", krächzte sie. Ihre Stimme klang, als hätte sie Nägel verschluckt. „Das ist richtig", antwortete Viktor. Kennst Du den Weg?" „Ich nicht", krächzte die Frau. „Aber meine Kristallkugel. Komm ins Haus." Viktor war sich so sicher wie noch nie, dass er in seinem Leben nicht ein Schritt in dieses Haus setzen würde. „Vielen Dank, aber ich werde den Weg auch so finden." „Die Kugel weiß alles", krächzte die Alte weiter. „Sie wird einen kürzeren Weg finden. Und…, "nun grinste die Alte. „Sie kann Illusionen erzeugen. Schöne Illusionen." Sie streckte ihm ihre Zunge entgegen. Sie war grün und Teile der Zunge verfärbten sich bereits schwarz. „Sie kann Dir alles zeigen, was Du willst." Viktor begriff plötzlich, dass die alte Frau so gut wie tot war. Auf welche Mächte sie sich immer eingelassen hatte, sie war verloren. Diese Kugel, oder was auch immer das war, hatte sie dermaßen in ihren Besitz, dass diese Frau dabei war zu sterben und vermutlich in Kürze verhungern und verdursten würde. Viktor stieg wieder auf sein Pferd und ritt weiter. In einem der Häuser sah er Bewegungen hinter der Fensterscheibe, entschloss sich aber, weiter zu reiten. Er verließ das Dorf und schaute auf die Karte. Das Dorf war eingezeichnet und Inwald konnte nur noch einen halben Tagesritt von ihm entfernt sein. Als die Sonne schließlich am höchsten stand und die Mittagszeit vorbei war, sattelte er ab, gab dem Pferd zu trinken und nahm selber einen Schluck aus dem Schlauch. Weit hinten am Horizont, er konnte es mit bloßem Auge kaum erkennen, sah er etwas was wie Häuser aussah. Er wollte dennoch eine Weile rasten und sich ausruhen. Eventuell würde er seine Kräfte in Inwald brauchen. Eine halbe Stunde später etwa, sattelte er sein Pferd erneut und machte sich auf den Weg nach Inwald.

Er war schon etliche Kilometer weitergeritten, als er die Umrisse einer Stadt endlich erkennen konnte. Das war also das unheilvolle Inwald, wo jeder sterben sollte, der diese Stadt betritt. Er ritt auf die Stadttore zu, die jetzt vor ihm lagen. Wachen gab es keine, dafür stiegen schwarze Rauchwolken über den Dächern auf. Als er durch die offenen Tore ritt, stieg ihm ein süßlicher Verwesungsgeruch in die Nase. *„Mein Gott, es ist schlimmer, als ich erahnt habe"*, dachte er. Er presste sich ein Taschentuch vor die Nase und versuchte, seinen Atem flach zu halten. Es gelang ihm ein wenig. Die Straße, auf die er sich befand, war wie ausgestorben. Er gelangte ein Stück weiter in die Stadt hinein und nahm weiter vor ihm eine Bewegung wahr. „Was war das?" fragte er sich und ritt auf die Stelle zu, an der er die Bewegung wahrgenommen hatte. Hinter einer großen, alten Eiche, kauerte ein alter Mann in gebückter Haltung. Die Kleidung des Mannes war zerrissen und er sah aus, als hätte er seit Ewigkeiten kein Bad mehr genommen, geschweige denn, als wüsste er überhaupt, dass man dann und wann ein Bad nehmen muss. Viktor sah die schwarzen Flecke im Gesicht des Mannes. Aber nicht nur im Gesicht, auch auf Händen und Arme schienen sich die Flecken auszubreiten. Viktor sah auf den Mann herab, der sich an den Baum lehnte und ihn anblinzelte. „Was ist Dir wiederfahren?" wollte er wissen. Der zerlumpte Mann sah ihn verwirrt an. „Du solltest nicht hier sein", sprach er leise, als hätte die Seuche nicht nur sein Gesicht mit schwarzen Flecken übersät, sondern auch seine Stimme die letzte Kraft genommen. „Diese Stadt trägt den Abend in sich", stöhnte er. „Vor gut einem Jahr, da ging es los. Jetzt ist fast keiner mehr am Leben. Und auch Du wirst sterben, wenn Du Dich länger hier aufhältst. Sie tut Fremden nicht gut, diese Stadt. Sie tut niemanden gut." „Sag mir", wollte Viktor wissen, „wo befinden sich die Menschen hier. Wo versammelt Ihr Euch? Gibt es eine Kirche, oder einen anderen heiligen Ort, an dem Ihr Euch aufhaltet?" „Keine Kirche", stöhnte der alte zerlumpte Mann weiter, wobei er seine Augen vor Schreck aufriss. „Eine Gastwirtschaft, nur ein kurzes Stück von hier. Da treffen sich diejenigen, die noch imstande sind, zu laufen. Reite die Straße hinunter und biege am Ende links ab, dann kommst Du auf die Wirtschaft zu. Aber lass Dir gesagt sein, bleibe nicht zulange, wenn Dir Dein Leben lieb ist." „Ich danke Dir!", rief Viktor noch kurz und ritt davon. Er folgte den Weg, den der Mann ihm beschrieben hatte und bog am Ende der Straße links ab. Ein paar wenige Meter weiter, kam er an einem größeren Haus vorbei, was bei genauem Hinsehen einmal eine Wirtschaft gewesen sein musste. Es war kein Schild mehr vorhanden, aber das Haus hatte einen Vorgarten mit Bänken und einen Balken, an dem Besucher ihre Pferde festbinden konnten. Viktor stieg ab. Er überlegte sich, ob er nicht das Pferd außerhalb der Stadt verstecken sollte, würde ihm etwas passieren, so wäre vielleicht noch das Pferd in Sicherheit und er könnte zumindest versuchen, mit einem gesunden Pferd davon zu reiten. Er verwarf den Gedanken. Vielleicht müsste er schnell aus Inwald herauskommen, dann wäre sein Pferd hier nützlicher, als draußen im Wald. Also stieg er ab, band sein Pferd an den dafür vorgesehenen Balken und ging auf das Lokal zu. Die Tür war offen, er hatte es nicht anders erwartet. Drinnen war es dunkel. Er sah sich um und obwohl es draußen heller Tag war und die Sonne schien, drang kein Licht von außen in die Räume. Viktor musterte die Fenster. Sie waren derartig schmutzig, fast, als wären sie mit irgendeiner Art Schmiere bemalt, so dass bewusst kein Sonnenlicht nach innen dringen konnte. Der Verwesungsgeruch war hier drinnen nicht ganz so schlimm und seine Augen gewöhnten sich langsam an die Dunkelheit. Er nahm das Taschentuch vom Gesicht und sah sich um. Es schien auf den ersten Blick eine ganz gewöhnliche Wirtschaft zu sein. Es gab Stühle und Tische und einen Tresen. Er erschrak plötzlich. Hinter dem Tresen stand jemand. Es war eine Frau, Viktor schätzte sie auf Mitte dreißig, im gleichen Alter, wie er selbst war. Sie stand einfach da und schien den

Abwasch zu machen. Anscheinend bemerkte sie ihn nicht, aber nicht, weil es so dunkel war, es schien, als wollte sie ihn nicht bemerken, oder als wenn es sie gar nicht interessieren würde, wer hier in das Lokal kommt. „Guten Tag", sagte Viktor. „Kann man hier ein Bier bekommen?" Die Frau hinter dem Tresen sah ihn nun an. Viktor sah die schwarzen Flecken, die ihr einstmals hübsches Gesicht verunstalteten. Sie holte wortlos einen Tonkrug und reichte ihm das Bier. „Danke", sagte er. „Kannst Du mir sagen, was hier passiert ist? Warum alle hier krank werden?" „Gleich kommen die anderen", sagte sie plötzlich. „Vielleicht redest Du mit denen. Sie unterhalten sich jeden Abend darüber. Zumindest diejenigen, welche noch übrig sind". Viktor trank sein Bier. Es schmeckte gut, er hatte Befürchtungen, es würde faulig schmecken und ihn sofort krank machen, es schmeckte aber hervorragend. Er trank das Bier aus. „Er holte seinen Beutel mit Silbertaler aus der Tasche. Sie winkte ab. „Damit kann ich nichts mehr anfangen", sagte sie, nicht ganz ohne Spott in der Stimme. Er bedankte sich. „Ich schau mich ein wenig um und komme gleich wieder", sagte er. Sie lächelte ihn an und fuhr mit ihrer Tätigkeit fort, die sie tat, bevor er gekommen war. Draußen vor der Tür, musste er sofort wieder das Taschentuch vor das Gesicht pressen, so sehr schlug ihm der Gestank nach Tod und Verwesung entgegen. Er stieg auf sein Pferd und beschloss, einmal durch die Stadt zu reiten. Vielleicht entdeckte er etwas, was ihm hilfreich sein konnte. Er ritt die Straße herunter, es war niemand zu sehen. Vereinzelt stieß er auf Leichen, die in den Eingängen ihrer Häuser lagen, als wollten sie gerade das Haus verlassen, als sie starben. Viktor schauderte. Auch tote Tiere lagen am Straßenrand, meistens Hunde, die verelendet waren. Er kam an einer Kirche, im Zentrum der Stadt vorbei. Er hielt an, stieg vom Pferd und ging auf das alte Gebäude zu. Er musterte das alte Gemäuer. Die Kirche war riesig, was bedeuten musste, dass Inwald einmal eine reiche Stadt war. Nur reiche Bewohner leisteten sich eine große Kirche. Er ging auf den Eingang zu und öffnete die große, schwere Holztür. Er trat ein und schaute sich um. In dem Raum, indem er sich befand, lagen lauter tote Menschen. Sie lagen vor dem Altar, als wären sie während des Gebets gestorben. Andere saßen auf den Holzbänken, als würden sie gerade der Andacht zuhören. Mitten auf der Kanzel lag ausgestreckt eine unbekleidete Frauenleiche. Viktor konnte sperrige Gegenstände in ihrem Unterleib erkennen und begriff, dass die Frau missbraucht worden war. Er stolperte einige Schritte zurück, kam wieder zur Holztür und öffnete sie hastig. Draußen angekommen, übergab er sich, wischte sich die Tränen von den Augen und stieg die Steinstufen hinunter, dorthin wo sein Pferd wartete. Die Irren hier hatten, aus lauter Verzweiflung, angefangen, Menschen zu opfern. Jetzt verstand er auch, warum der alte zerlumpte Mann, den Viktor vorhin an der Eiche getroffen hatte, die Anwesenheit einer Kirche leugnete. Aber das würde Viktor später versuchen zu klären. Er musste langsam in die Wirtschaft zurück und sich mit den Gästen unterhalten, welche wohl jeden Moment eintreffen würden. Er ritt schneller zurück, als er hergekommen war, verzichtete auf lange, forschende Blicke und erreichte sein Ziel schon nach kurzer Zeit.

Zweifel

Miriam überlegte fieberhaft nach einem Ausweg. Das Schlimmste war, dass sie sich nicht wirklich jemanden anvertrauen konnte. Das Rittergut war voller Verräter und die Diener, das wusste sie, waren gekaufte Lakaien, die sich solange in ihren Dienst begaben, solange sie ihren persönlichen Vorteil daraus ziehen konnten. Diener waren schrecklich. Miriam verachtete sie mehr als alles andere. Sie lebten von der Niedertracht, von Lügen und Gerüchten, welche sie selber begierig streuten. Leider konnte man sich als Diener heutzutage aussuchen, in wessen Dienst man sich stellte und Sklaven eigneten sich nicht als persönliche Diener. Waren diese noch unzuverlässiger und so einige Adelige, die mit einem Sklaven, oder einer Sklavin, ihr Haus teilten, wurden nicht selten von denselben ermordet. Oft kam es auch zur Familientragödie, indem der Hausherr die weibliche Sklavin beschlafen hatte, die Ehefrau davon erfuhr und die Sklavin kurzerhand umbringen ließ. Nein, Sklaven waren für den täglichen Gebrauch unbrauchbar, Diener waren nicht schön, aber das kleinere Übel. Sie entschied sich, Viktors Knappen davon zu erzählen, der Bursche war nicht dumm, obwohl er ein sehr ruhiger Kerl war. Miriam musste jetzt jemanden von ihrer Misere erzählen, ihre Familie schied, zumindest vorerst, davon aus. Sie brauchte erst einmal einen Plan, zumindest eine Richtung, in der es weitergehen sollte. Zuviel stand auf dem Spiel. Sie ging zu dem Diener, der gerade die Kerzen im Hausflur löschte. „Sie sind noch auf", sagte er, ein wenig erstaunt. „Ja", erwiderte sie knapp. „Gib bitte dem Knappen Bescheid, ich verlange nach ihm im Arbeitszimmer".

Der Diener nickte und verschwand. Miriam ging den Flur zurück, begab sich ins Schlafzimmer und zündete die Kerzen an. Dann legte sie sich auf das Bett und wartete. Als es kurze Zeit später an ihrer Schlafzimmertür klopfte, sagte sie nur: „Komm rein!" Die Tür ging auf und der Knappe kam langsam ins Schlafzimmer und ging auf ihr Bett zu, wo sie immer noch lag. „Mach die Tür zu" befahl sie. Er gehorchte und wandte sich wieder ihr zu. „Folgendes Problem", begann sie. Sie lag immer noch auf dem Bett und begann mit leiser, einschläfernder Stimme: „Ewald, der nichtsnutzige Sohn von dem Obernichtsnutz Friedhelm versucht, mich zu erpressen. Da der Alte tot ist, wird Ewald nun alles erben, inklusive dieses Hauses. Ich selbst werde wohl als Sklavin für seine Saufkumpane enden, es sei denn, ich bringe mich selbst vorher um. Was dann mit Dir geschieht, kann ich nicht sagen. Ich kann mir nicht vorstellen, dass er überhaupt jemanden hier am Leben lässt. Viktor und Friedhelm haben sich schon zu Lebzeiten gehasst und Ewald führt diesen Hass jetzt in alter Familientradition fort, wie es scheint." Der Knappe sagte nichts. Er begann langsam, seinen Mantel abzulegen, ließ sie dabei auch nicht aus den Augen. Plötzlich meinte er: „Ich kann den Hurensohn Ewald ein für allemal zum Schweigen bringen". „Das wäre sehr gefährlich", entgegnete sie. „Ewald ist nicht so dumm, wie sein Vater es gewesen ist. Sollte der Verdacht auf Dich fallen, wird man Dich aufhängen. Ein Verdacht würde genügen. Der Knappe sagte nichts. Er zog seine Kleidung aus, legte sie langsam auf einen Sessel, der am anderen Ende des Schlafzimmers stand und begab sich zu seiner Herrin.

Am nächsten Morgen, es war schon hell und der Knappe war fort, stand Miriam am Fenster ihres Schlafzimmers und ließ sich eine Tasse Kaffee bringen. Die Nacht war lang gewesen, der Knappe hatte sie hart und ohne Rücksicht genommen und sie hatte sich nur fallengelassen und es genossen. Auch wenn er ihr wehtat, ja selbst, als er anfing, sie zu schlagen, hatte sie es genossen. Und als er anfing, an einer Stelle in sie einzudringen, wo sie ansonsten nur Wasser und Seife zuließ, schrie sie vor Schmerz auf, ließ es aber zu. Er hielt ihren Mund zu und penetrierte sie unaufhörlich, bis ihr Anus wund wurde und ihr vor Schmerzen die Tränen kamen. Als er von ihr abließ, fühlte sie sich leer und wünschte zu schlafen. Er ließ jedoch keinen Schlaf zu und sie ließ ihn gewähren. Jetzt allerdings, wo sie noch ganz wund war und aus dem Fenster blickte, war es an der Zeit, sogar allerhöchste Zeit, sich wieder mit ihrem Problem zu beschäftigen und einen Ausweg aus der Misere zu suchen. Der Knappe war vermutlich unterwegs zu Ewald und würde ihn vermutlich erschlagen. Aber was dann? Selbst wenn Ewald sich nicht mehr an ihr Hab und Gut vergreifen konnte, wer wäre der Nächste in der Stiftungsreihenfolge? *Der König,* schoss es ihr durch den Kopf. Natürlich, der König musste jede Stiftung genehmigen, sollte es einen Ausfall des Stiftungsgründers geben, war der älteste Sohn an der Reihe, sollte dieser auch noch ausfallen, fiel die Stiftung an das Heilige Reich und somit dem König zu. Miriam wurde mulmig zumute, war es eine so schlaue Idee gewesen, den dummen Knappen zu einem Mord anzustacheln? Wenn er erwischt werden würde, würde er schweigen können? Miriam vermutete nicht, spätestens bei der Folter würde er anfangen, Miriams

Namen laut auszuschreien. Aber jetzt war es zu spät, sie hatte, wie so oft, impulsiv gehandelt und musste nun die Konsequenzen dafür tragen. *Schuld daran ist Viktor*, dachte sie erzürnt. Hätte er nicht diesen dämlichen Friedhelm und dessen Tochter umgebracht, wäre sie jetzt nicht in dieser gefährlichen Situation. Ganz im Gegenteil. Sie wäre Teilhaberin einer Stiftung, die dem König und seinem militärischen Anführer unterstellt gewesen wäre und hätte ein Leben in Anstand führen können. Vor allem wären die Kinder finanziell abgesichert gewesen, diese hätten weiterhin die Ritterakademie besuchen können und müssten sich jetzt keine Sorgen machen, was mit ihrer Mutter passiert und letzten Endes ja auch mit ihnen. Und plötzlich kam ihr eine Idee. Sie konnte nicht warten, bis ihr Mann zurückkam, das war zu unsicher. Sie musste jetzt handeln. Die Frage war, was sie tun konnte. *Der König*, kam ihr in den Sinn. Sie hatte noch eine Chance. Die Gefahr, dass der Knappe seinen Auftrag vermasselte, war zu groß. Sie würde das Stiftungswesen, welches Friedhelm sich überlegt hatte, dem König erneut vorschlagen, mit der Bitte, der König selbst möge Stiftungseigentümer werden. So war ihre Familie finanziell abgesichert, sie brauchte nicht ins Kloster und stand zudem unter dem Schutz des Königs. Sie trank schnell ihren Kaffee aus und eilte zu ihrem Diener, dieser möge ein Schriftstück aufsetzen und damit gleich zum König reiten. Besser noch, sie würden gemeinsam zu ihm reiten, damit sie ihr Anliegen gleich mündlich begründen konnte. Der Diener stand im Flur und hatte einen Stapel Briefe auf einem kleinen runden Tisch vor sich liegen. Miriam ging zu ihm. Der Diener nahm den Brieföffner und begann, die Briefe nacheinander zu öffnen. „Der hier dürfte Dich interessieren", sagte er und grinste über das ganze Gesicht. Miriam war angewidert von seinem Grinsen. Sie misstraute ihm und hätte ihn am liebsten schon rausgeschmissen, aber jetzt konnte sie unmöglich solche Entscheidungen treffen. Jetzt brauchte sie ihn und sein Verhandlungsgeschick dem König gegenüber. „Wer hat mir geschrieben?" wollte sie wissen. Neugier überkam sie. War es eine Nachricht vom König? Ihr Mann konnte es nicht sein, er war erst vor Kurzem aufgebrochen und hatte vermutlich jetzt erst Inwald erreicht. „Komm her, schau Dir den Brief an. Ist wirklich interessant", sagte der Diener und hielt den Brief gegen das Tageslicht, welches aus dem Fenster hereindrang. Sie stellte sich neben ihm, um den Brief zu sehen. Er grinste sie immer noch hämisch an, dann nahm der Diener den Brieföffner und stach damit zu. Miriam war viel zu überrascht, als das sie Schmerzen verspürte. Sie sah den Griff des Brieföffners unterhalb ihres Gesichtes hervorstehen und begriff nur langsam, dass die Klinge in ihrem Hals steckte. Sie wollte etwas sagen, aber Blut rann ihr in den Mund und quoll zwischen ihren Lippen hervor und besudelte ihren Morgenmantel. Die Welt um sie herum verschwamm und sie kippte seitlich weg. Sie dachte einen kurzen Moment an ihre beiden Kinder, welche noch aus der Ritterakademie abgeholt werden mussten. Dann wurde es schwarz um sie.

Der Diener, dessen Name Brutus war, stand noch eine Weile neben der toten Frau, welche einst seine Herrin gewesen war und lächelte zufrieden. Schon lange hatte er dieses verlogene Weib gehasst. Sie war eine Hure, eine Schande für dieses Haus. Als er davon hörte, dass dieses Haus einer Stiftung angehören würde, welche Ewald unterstehen würde, dem Sohn des Anführers der Armee des Heiligen Reiches, wurde ihm zum Anfang Unwohl zumute. Waren Ewald und sein Vater zu Lebzeiten nicht dafür bekannt, dass sie die Untertanen der Feinde mit Milde behandelten. Als Ewald ihm aber anbot, in seine Dienste zu treten, sah er seine eigene Chance gekommen. Ewald trug ihn auf, als Zeichen der Loyalität, sowie als Vertrauensbeweis, der verkommenden Hexe die Kehle durchzuschneiden. Das tat der Diener, nicht ganz ohne Begeisterung, wie er amüsiert feststellte. Hegte er doch schon lange Groll gegen sie. Sie trieb es mit anderen Männern, während ihr Mann fort war. Jedes Mal, während ihr Mann im Krieg war, vergnügte sie sich mit einem der Knappen. Zuletzt mit diesem Jüngling, ein Trottel, der im Dienste Viktors stand. Für ihn, den treuen Diener, der all die Jahre sämtliche Befehle ohne Wiederspruch ausführte, hatte sie nur Verachtung übrig. „Geschieht Dir recht", dachte er. „Geschieht Dir ganz recht". Und was ihren Trottel, dem Hengst von einem Knappen betraf, nun, der wurde gerade nach allen Regeln der Kunst verhört. Noch bevor er überhaupt in die Nähe von Ewald kam, wurde er festgenommen und dem Kerkermeister vorgeführt. Ewald war sicherlich kein Dummkopf, wie dessen Vater es zu Lebzeiten gewesen war, aber dumm, nein, das war Ewald ganz gewiss nicht. Ewald zog die Leiche von Miriam ins Wohnzimmer, sie war schwer, als hätte jemand ihre Kleidung mit Steinen beschwert. Schwer atmend stützte er sich am Wohnzimmersessel ab und rang nach Luft. Die erste Hürde war erledigt. Ewald würde zufrieden sein. Eine Kleinigkeit gab es allerdings noch zu erledigen. Er würde gleich aufbrechen müssen. Die Kinder kamen gleich aus der Ritterakademie.

Erste Bekanntschaften

Viktor erreichte wieder die Wirtschaft, an der er zuvor gewesen war. Die Kirche, diese ekelhafte Kirche, hatte er aus seinem Gedächtnis gestrichen. Zumindest vorrübergehend. Er stieg vom Pferd und betrat abermals die Wirtschaft. Wieder mussten sich seine Augen an die Dunkelheit, die durch die schmutzigen Fenster hervorgerufen wurde, gewöhnen. Aber diesmal erkannte er recht deutlich die drei Männer, die an einem Tisch, inmitten des Raums saßen. Die Frau, welche die Wirtschaft zu führen schien, stand noch genauso auf der anderen Seite des Tresens und erledigte ihren Abwasch. Er ging auf den Tisch zu, an dem die Männer saßen und musterte sie. Alle waren mit schwarzen Flecken im Gesicht übersät, ebenso hatten sie schwarze Flecken auf den Armen und den Händen. Ihre Gesichter waren ausgemergelt und ihre Augen waren eingesunken, als wären sie dabei, blind zu werden. Sie musterten ihn, konnten aber ihn entweder nicht sehen, oder waren zu verblüfft, einen Fremden hier zu sehen. Sie schienen gerade ein Spiel zu spielen. Einer von ihnen, Viktor wusste nicht, ob es der Jüngste oder Älteste unter ihnen war, das Alter war sehr schwer einzuschätzen, hatte einen Würfel in der Hand und war gerade dabei, ihn über den Tisch fallen zu lassen. „Spielt ruhig weiter", sagte Viktor und versuchte einen lockeren Tonfall zu imitieren. In Wirklichkeit war ihm ganz und gar nicht locker zumute. Wie hielten die Männer es in diesem Gestank aus und waren sie die einzigen Überlebenden? „Bist Du ein Ritter?" fragte einer der Männer aus der Runde. Er hatte ein fast komplett schwarzes Gesicht und als er den Mund öffnete, um zu sprechen, sah Viktor etwas zwischen den Lippen des Mannes hervorkriechen. Viktor erkannte, dass es Würmer waren. Sie krochen zwischen seinen Lippen hervor und fielen heraus. Der Mann, welcher gesprochen hatte, war entweder so krank, dass er es nicht mitbekam, oder es war ihm gleichgültig. *Vermutlich beides,* dachte Viktor. „Das ist richtig", erwiderte Viktor. „Ich komme aus dem Heiligen Reich und soll Euch helfen, das Unheil einzudämmen, welches Euch praktisch über Nacht heimgefallen hat." Die drei Männer lachten, nein, sie röchelten, aber es sollte ein Lachen sein, vermutete Viktor. „Das Heilige Reich will also helfen!" fing ein anderer an, der am Tisch saß. Er schien der Jüngste von ihnen zu sein, obwohl man es nicht genau sagen konnte. „Das fällt dem König ja früh ein. Hat er gewartet, bis unser König tot ist, um dann helfen zu können?" Viktor ignorierte den Spott, welcher die Frage beinhaltete. „Als wir vom schwarzen Tod erfuhren, war es schon zu spät", fuhr Viktor weiter. „Wir hatten keine Idee, was getan werden soll. Die Gelehrten und die Priester waren ratlos. Sie vermuteten eine Rache Gottes, aber mittlerweile glauben sie, also die Gelehrten und die Priester, es könnte auch etwas anderes dahinterstecken." „Was glauben sie denn?" fragte derjenige, dessen Gesicht fast komplett schwarz war. „Der Herrgott war es jedenfalls nicht. Wir sind jeden Tag in die Kirche gegangen, verdammt, wir haben eine gottverfluchte Hexe auf dem Altar geopfert, haben gebetet und noch härter gearbeitet, als wir es ohnehin schon getan hatten. Und was ist passiert? Nichts! Vor ein paar Tagen hat es meine Frau dahingerafft. Meine Kinder waren ziemlich früh an der Reihe, ich vermute, Kinder sterben ziemlich früh am schwarzen Tod. Warum, kann ich auch nicht sagen." Viktor überlegte. Nein, diesen Menschen konnte man keinen Vorwurf machen. Es waren gottesfürchtige, ehrliche Menschen, die keiner Fliege etwas zu Leide taten. Also konnte man eine Rache Gottes schon ausschließen. Was war es dann? Was steckte dahinter? Etwas musste also die Krankheit ausgelöst haben, sofern es sich um eine Krankheit handelte. Und falls ja, war dies denn vielleicht die Rache Gottes? Wer wusste es schon? Viktor jedenfalls, konnte sich nicht ausmalen, dass diese Geschichte eventuell auch einen Hintergrund hatte, von dem er nichts ahnte. Was er nicht wusste, konnte nicht sein. Seine Frau, Miriam, hatte immer behauptet, er hätte zu wenig Fantasie. Nur leider war das nicht ganz richtig. Viktor hatte überhaupt keine Fantasie. Seine Vorstellungskraft von Göttlichem, von einer übergeordneten Kraft, die eine moralische Instanz auch nur ansatzweise beschreiben könnte, war dermaßen unterentwickelt, dass sie praktisch nicht vorhanden war. Er konnte sich praktisch nicht vorstellen, dass es ein Leben nach dem Tod gab. Und weil er sich das nicht vorstellen konnte, war der Tod für ihn überhaupt nicht greifbar. Sicher, er hatte schon viele Tote gesehen, hatte selbst getötet, konnte aber mit Begriffen wie Seele, Gott und Jenseits nichts anfangen. Und genau das war das Problem. Wie sollte er dieses Problem lösen, wo Gott als Verursacher scheinbar ausgeschlossen war und andere Verursacher fern von seiner Vorstellungskraft lagen? Er war auf diese Männer angewiesen, er war darauf angewiesen, dass sie lange genug lebten, um ihm erzählen zu können, was sie wussten, damit irgendein Gedanke, ein Funken von Eingebung, dazu führte, dass er die nächsten logischen Schritte erkannte. „Sagt mir", begann er wieder. „Sagt mit eines, wenn es Gott nicht gewesen ist, war es vielleicht der Teufel?" Plötzlich herrschte Stille, niemand antwortete. Auf einmal fingen die drei Männer an zu lachen, sie röchelten und spuckten über den Tisch, so dass Würmer ihnen aus dem Mund fielen und über den Tisch zu kriechen begannen. Einer von ihnen wischte sie mit der Hand vom Tisch. „Setz Dich", sagte der erste von ihnen. „Wir schauen mal, ob wir Dir auf die Sprünge helfen können." Viktor setzte sich mit an den Tisch und bestellte bei der Frau, die immer noch teilnahmslos hinter der Theke stand, vier Krüge Bier. Für jeden einen. „Das Bier hier schmeckt hervorragend", sagte Viktor. „Ich habe anderes befürchtet, es ist aber wirklich lecker." „Ja", sagte ein anderer aus der Runde. „Meine Familie hat es damals gebraut. Mittlerweile sind zwar schon alle tot, aber das Bier behält seinen Geschmack. Das liegt am Wasser. Die Bierherstellung macht irgendetwas mit dem Wasser, so dass das verdorbene Wasser wieder genießbar wird. Mein Großvater erklärte mir mal den Vorgang. Mittlerweile habe ich das vergessen, wie so vieles." Viktor hörte aufmerksam zu. Er nickte verständnisvoll. „In Ordnung", sagte er nach einer ganzen Zeit. „Wir sammeln erst einmal Ideen. Wir brauchen jede einzelne Idee, egal, wie unscheinbar, oder verrückt sie auch sein mag. Jeder, noch so unmöglicher Gedanke, ist willkommen und muss hier und jetzt auf den Tisch." Alle schwiegen und starrten sich an. Nach einer

Weile meinte einer von ihnen, es schien wieder der Jüngste zu sein, allerdings konnte Viktor es immer noch nicht erkennen: „Es ist das Haus. Ich bin mir ganz sicher. Dieses verfluchte Haus." Alle schwiegen noch immer. Viktor sah ihn an. „Wie heißt Du und was ist das für ein Haus, von dem Du sprichst?" Der scheinbar junge Mann, dessen Gesicht komplett schwarz war, drehte sich zu Viktor. Viktor sah, dass die Nase des Mannes zerfressen war. Er fragte sich, wie dieser Mann überhaupt noch am Leben sein konnte. „Mein Name ist Kordes", sprach der Mann. Es war mehr ein krächzen. „Weiter nördlich, mitten im Gebirge, steht ein schwarzes Haus. Es soll verflucht sein. Und bei Allem, was ich bisher gehört habe, ist es das auch. Ich kann natürlich nicht sagen, ob das Haus direkt mit der Seuche etwas zu tun hat", fuhr Kordes weiter fort, „aber es wäre durchaus denkbar. Das Haus selbst ist schon ein paar Hundert Jahre alt. Man sagt, dort lebt Niemand. Aber wer das Haus betritt, ist verloren. Angeblich kommt man einen anderen Ort wieder heraus, sobald man das Haus wieder verlassen will." Viktor hörte zu. Er kannte diese Geschichte von dem Haus, hatte es aber zuvor immer für ein Gerücht gehalten. Jetzt wusste er zumindest, dass es sich nicht um ein Gerücht handelte. Und wenn dieses Haus derartig ungewöhnlich war, konnte es nicht schaden, der Sache auf den Grund zu gehen. „Wenn Ihr das Haus als Verursacher vermutet, warum habt Ihr es nicht schon längst niedergebrannt?" Viktor ahnte schon die Antwort, bevor sie jemand aussprach. „Es brennt nicht", sagte einer von den Männern am Tisch. „Diejenigen, die sich dem Haus nähern wollten, sterben auf qualvolle Weise und wer es jemals hineingeschafft hat, ist niemals wieder herausgekommen." Viktor schwieg eine ganze

Weile, schließlich sagte er: „Hört mich an! Wer von Euch ist in der Lage, mit mir zu diesem Haus zu reiten? Ich erwarte nicht, dass Ihr mit mir die Haustür öffnet, allerdings muss mir irgendjemand von Euch den Weg zeigen. „Der Weg ist nicht ganz ungefährlich", erwiderte Kordes. „Man muss ziemlich nahe an das Gebirge heran und direkt am Weg kann man in eine Schlucht fallen." „Gut", meinte Viktor. „Wir werden es versuchen. Wenn es zu gefährlich wird, sichern wir uns. Besorgt bitte ein paar Schnüre, an die wir uns notfalls festbinden können, sollte der Weg zu schmal werden." Die Männer am Tisch fingen an zu murmeln. Viktor konnte aus ihren Gesten heraus erkennen, dass sie nicht gerade begeistert waren, zu der schwarzen Hütte zu gelangen. Aber was sollte er machen. Die Zeit drängte und dem äußeren Erscheinungsbild der Männer nach, hatten diese überhaupt keine Zeit mehr. Aber hier zu sitzen und darauf zu warten, dass der schwarze Tod kam, konnte nun nicht die Lösung sein. „Wir reiten morgen früh los", sprach Viktor. „Versucht zu schlafen, damit ihr morgen ausgeruht seid." „Der jüngste von ihnen, der sich Kordes nannte, wandte sich zu ihm: „Es wird sicherer sein, wenn Du außerhalb der Stadt schläfst. Hier drinnen wird Dich die Luft krank machen. Draußen ist es vielleicht ein wenig sicherer." Viktor bedankte sich und begab sich zur Tür, die ihn nach draußen zu seinem Pferd führte. Er fragte sich, wenn es draußen sicherer war, wie hier drinnen, innerhalb der Stadtmauern, warum die Menschen denn nicht nach draußen gingen und dort versuchten, zu überleben. *Weil es draußen noch gefährlicher ist*, kam ihm in den Sinn. Betrübt begab er sich zu seinem Pferd um aus der Stadt zu reiten.

Diener

Genau zu dieser Zeit, im Heiligen Reich, legte sich Brutus, der einmal der Diener von Viktor und Miriam gewesen war, schlafen. Es war ein anstrengender Tag gewesen. Er hatte das Weibsbild Miriam erledigen müssen, was ihm nicht wirklich schwerfiel, wenn er ehrlich war. Eigentlich hatte er es sogar genossen. Brutus hatte noch nie vorher jemanden umgebracht, er wusste gar nicht, dass er dazu überhaupt in der Lage zu war. Aber als seine ehemalige Herrin mit einem Dolch im Hals blubbernd vor ihm lag, spürte er eine Erregung in sich aufsteigen, die er vorher gar nicht kannte. Natürlich war er schon oft in seinem Leben erregt gewesen, sehr oft sogar, aber eine Erregung zu verspüren, die man beim Anblick eines sterbenden Menschen bekommt, das war etwas komplett Neues für ihn. Der Todeskampf seiner Herrin dauerte ungefähr fünf Minuten. In dieser Zeit starrte er die sterbende Frau an und war fasziniert von dem röchelnden, immer schwächer werdenden Atmen, welcher von ihr ausging. Er war betrübt, als es schließlich vorbei war. Am nächsten Tag wickelte er den Leichnam schließlich in eine große Decke, die er vom Dachboden holte und trug sie zum Pferd. Allein dieses Vorhaben hatte ihn eine derartige Kraft und vor allem Zeit gekostet, dass er fürchtete, die Kinder zu verpassen, sollten diese endlich aus der Akademie kommen. Aber er schaffte es dennoch. Er ließ die Leiche neben dem Pferd liegen und wartete auf die Kinder. Ewald, sein neuer Herr, hatte ihm befohlen, Niemanden am Leben zu lassen, der mit Viktor verwand war. Brutus hätte sich nie träumen lassen, wie schnell man sich an das Morden gewöhnen konnte. Es war ganz leicht, nur ein Handschlag, ein Hieb, ein Stich und schon war es erledigt. Es war wie eine Suppe, die seine Mutter immer früher gekocht hatte. Er hatte sie verabscheut, diese Suppe. Es war eine Kohlsuppe, viel zu salzig und fettig für seinen Geschmack. Und als er eines Tages bei Verwandten zu Besuch war, da gab es diese Kohlsuppe. Brutus verschlang sie und sie schmeckte ihm hervorragend. Obwohl diese Kohlsuppe, die er früher derartig verabscheute, genau die gleichen Zutaten enthielt, wie diejenige, die seine Mutter immer gekocht hatte, schmeckte sie ihm plötzlich. Es war, nun ja, es war, als äße man sie plötzlich mit einer anderen Einstellung. So konnte man es ausdrücken. Und genau das Gleiche war hier passiert. Brutus hatte einen Mord begangen und es fing an, ihm Spaß zu machen. Warum? Weil er eine andere Einstellung dazu bekam. Man konnte es mit der Kohlsuppe vergleichen, so jedenfalls Brutus seine Theorie. Brutus musste auch an seine Mutter denken. Er erinnerte sich, wie sie einmal auf ihn einschlug, als er versehentlich eine Kanne Milch holen war und diese Milch beim Eintreffen in den Hof verschüttete. Er konnte nichts dafür, der Knappe stieß ihn mit der Schwertscheide in den Unterleib, nur so, um ihn zu Fall zu bringen. Brutus war nicht gefallen, hatte aber vor Schreck und Schmerz die Milchkanne fallen lassen. Als er mit der leeren Kanne ins Haus kam, stellte seine Mutter fest, dass die Hälfte, ja mehr, fast alles, fehlte und fragte, was passiert war. Brutus fürchtete sich vor der Antwort, die seine Mutter schon wusste. Er sah an ihren funkelnden Augen, dass sie es wusste und er wusste es, weil er den Ton in ihrer Stimme kannte. Sie wurde nicht laut, sie wurde...giftig. ja, giftig war das richtige Wort.

Es war, als wartete sie darauf, dass er die Antwort gab, die sie schon wusste. Und als er anfing zu stottern, nahm sie den Stock, den sie immer in der Küche liegen hatte und schlug auf ihn ein. Und je mehr er flennte, je mehr er schrie, desto wilder und härter prügelte sie mit dem Stock auf ihn ein. Brutus fragte sich einmal, warum in der Küche ein Stock liegen musste. Irgendwann begriff er, dass dieser Stock für ihn da lag. Jedenfalls prügelte sie solange auf ihn ein, dass er tagelang, bestimmt eine ganze Woche nicht mehr laufen konnte. Sitzen und liegen konnte er nur unter Schmerzen. Und jedes Mal, wenn sie ihn derartig verprügelte, schrie sie ihn an, was für ein Taugenichts er war. Einmal befahl sie ihm, sich auszuziehen, damit er die Schläge härter spüren konnte. Er tat, wie ihm geheißen. Splitternackt lag er auf dem kalten Küchenboden und flennte, während seine Mutter auf ihn einschlug. Manchmal trat sie auch nach ihm, oder schmiss Gegenstände auf ihn herab, bespuckte ihm und kniff ihn so fest in die Hoden, dass er das Bewusstsein verlor. Wenn er dann irgendwann wimmernd in einer Zimmerecke lag und die Bestrafung über sich ergehen lassen hatte, kam seine Mutter jedes Mal ins Zimmer zu ihm. Dann zog sie ihn an sich, küsste ihn und sagte ihm, wie sehr sie ihn liebte und dass sie nur ihrer Liebe zu ihm wegen so streng war. Brutus verstand es auch und gelobte nach jeder Bestrafung Besserung und versprach, künftig nicht mehr so unachtsam zu sein. Als seine Mutter Jahre später verstarb, war Brutus nicht unbedingt traurig über den Verlust, trotzdem fühlte er sich ohne sie irgendwie leer und unausgeglichen. Die Frauen, die er später als Erwachsener traf, konnten seine Bedürfnisse nicht wirklich zufriedenstellen. Entweder verstanden sie ihn nicht, oder, was wahrscheinlicher war, sie wollten ihn nicht verstehen. Oft wünschte er sich, einer seiner Bekanntschaften würde ihm Schmerzen zufügen. Schmerzen, die er durch seine Mutter, nicht unbedingt gewohnt war, die er aber gelernt hatte, zu akzeptieren. Und inmitten dieses Gefühlschaos schlich sich unaufhaltsam, wie ein Stachel, der langsam heranwuchs, ein anderes Bedürfnis: Selber anderen Menschen Schmerzen zuzufügen. Es war ein Gedanke, zuerst nur der Gedanke eines Gedankens, nur ein Anflug, den er locker ignorieren konnte. Aber je mehr Zeit verstrich und je älter er wurde, desto häufiger kam dieser Gedanke und schließlich, ohne dass Brutus etwas dazu tat, manifestierte er sich zu einem Wunsch. Auch dieser Wunsch ließ sich anfangs noch ignorieren, aber schließlich wurde aus dem Wunsch ein fester Wille. Als er schließlich irgendwann in den Dienst von Viktor und Miriam trat, konnte er sein Bedürfnis noch relativ leicht überspielen. Arbeit gab es genug, so dass er ausgelastet und tagsüber abgelenkt war. Abends war er dann zu müde, um noch seinen Phantasien freien Lauf zu lassen. Aber je mehr Zeit verstrich, desto mehr drängte dieses Verlangen wieder an die Oberfläche. Und Miriam, diese falsche Schlange, fing an, ihn von oben herab zu behandeln, so dass sich sein Groll am Ende gegen sie richtete und er dem Wunsch seines neuen Herrn mit vollster Genugtuung Folge leistete. In Wirklichkeit wollte er dieser Hexe schon die ganze Zeit einen Denkzettel verpassen. Die Art, wie sie ihn schnippisch ansah: *Na du alter geiler* Bock, *traust Dich wohl nicht, mir den Hof zu machen.* Genau das sagten ihre Blicke.

Brutus erwachte langsam aus seinen Erinnerungen. Er

stellte fest, dass er den Brieföffner, den er unter seinem Mantel versteckt fest umklammerte. Er umklammerte dabei die Schneide, dass seine Hand tiefe Schnittspuren bekam und davon anfing zu bluten. „Verdammt", sagte er zu sich selbst, kramte ein Taschentuch hervor und wickelte seine Hand darin ein. Die Kinder müssten jeden Moment ins Haus kommen. Er beschloss, im Wohnzimmer auf sie zu warten. Er wartete ungefähr eine Stunde. Er stand im Wohnzimmer, setzte sich schließlich in einen Sessel, ging umher, starrte aus dem Fenster, um sich anschließend wieder hinzusetzen. Einen Menschen zu töten, das war eine Sache, aber Kinder. Seine Hände wurden ganz feucht bei dem Gedanken. In seinen Gedanken legte er seine klobigen Hände um den Hals des kleinen Mädchens und drückte langsam zu, bis sie erstickte. Brutus merkte, wie das Blut in seinen Unterleib schoss und sein Glied anschwellen ließ. *Bin ich vielleicht krank*, fragte er sich. Er bejahte die Frage selbst. Wenn dem so war, dann war es jetzt an der Zeit, sich das selber einzugestehen. Endlich kamen die Kinder. Die beiden Geschwister kamen aus der Akademie. Der Junge war zehn Jahre alt, die Tochter wurde schon vierzehn und war auf dem besten Weg, eine junge Frau zu werden. Sie unterhielten sich über irgendetwas, Brutus konnte es nicht genau verstehen, aber es schien, als schimpfte die Schwester mit ihrem jüngeren Bruder. Als sie endlich ins Haus eintraten, konnte Brutus die Stimmen deutlich hören. Brutus hörte, wie der Junge nach seiner Mutter rief und die Schwester in die Küche ging. Natürlich kam keine Antwort der Mutter und so hörte Brutus die Schritte des Jungen auf die Wohnzimmertür zukommen. Die Tür zum Wohnzimmer schwang auf und der Junge hastete, in seiner kindlichen Art ins Zimmer. Brutus stand mitten im Raum und lächelte den Jungen, der ihm jetzt direkt gegenüberstand, mit seinem typischen „Brutus-Lächeln" an. „Brutus!" rief der Junge, völlig außer sich vor Freude, den alten Diener zu sehen. Brutus lachte auf und breitete die Arme aus. Der Junge lachte ebenso. Mit ausgebreiteten Armen lief er auf den Diener zu.

Das Haus gegenüber

Viktor war zu dieser Zeit bereits reisefertig für den Weg nach Norden. Er konnte drei Mitstreiter ausfindig machen, die bereit waren, ihn zu begleiten. Am Anfang waren es fünf gewesen, allerdings verstarben zwei, bevor sie losreiten konnten. Einer verstarb sogar noch am Abend des Kennenlernens. Sie tranken gerade ihr Bier zusammen, da passierte etwas Unheimliches. Als Viktor in die Runde fragte, wer ihn begleiten möge, stand der scheinbar Älteste auf, um seine Zustimmung zu bekunden. „Ich komme mit, edler Ritter", krächzte er mit heiserer, kranker Stimme. Dann geschah etwas Seltsames. Er fing an zu husten und ein schwarzer Schwall Erbrochenes ergoss sich aus seinem Mund. Aber es war kein Erbrochenes, es war eine zähe, schwarze Masse, die sich aus dem Loch, was einmal sein Mund gewesen war, hervorbrach. Einen Augenblick, so schien es Viktor, war sein ganzer Mund ein schwarzes Loch und Viktor dachte erschauernd, dass es tatsächlich schwarz war. Würmer fielen mit der schwarzen Masse heraus und wanden sich auf dem Boden hin und her. Einige der Würmer waren so groß, dass Viktor erneut erschauerte. Er zertrat einen der Würmer und eine schwarze Masse, ähnlich dem Zeug, welches der Sterbende ausgespien hatte, quoll aus dem Wesen hervor. Der Mann kniete nun und würgte die letzten Würmer aus seinem Leib. Dann brach er zusammen und blieb zuckend liegen. *Die Würmer ernähren sich von ihm,* dachte Viktor. *Was immer diese Krankheit sein mag, sie lässt Parasiten entstehen, welche den Körper komplett zerstören.* Als die Anderen schließlich die restlichen Würmer zertreten hatten, ritt Viktor aus der Stadt heraus, weit genug, dass er den elendigen Verwesungsgestank nicht mehr bemerkte und schlug ein Nachtlager auf. Er zündete ein Feuer an, begab sich auf seine Decke und versuchte zu schlafen. Er dachte noch an Miriam. Dann dachte er an seine Kinder. Was machen sie jetzt? Er war zwar noch nicht so lange von zu Hause fort, aber die Situation, in der er seine Frau gebracht hatte, war dennoch etwas verfahren. Jetzt, wo er zur Ruhe kam, dachte er, ob er womöglich egoistisch gehandelt hatte. War es falsch, seinen Cousin zu ermorden? Er konnte es nicht sagen. Er konnte nur mit absoluter Gewissheit sagen, dass er das Richtige getan hatte. Schließlich kamen seine Gedanken zur Ruhe und er fiel in einen traumlosen Schlaf. Am nächsten Morgen, er erwachte ziemlich früh, die Sonne war noch sehr tief, begab er sich zurück zur Stadt. Da er nicht wusste, wohin er sollte, ritt er zur Wirtschaft zurück, fand dort aber niemanden vor. Plötzlich hörte er Schreie und drehte seinen Kopf in die Richtung, aus der die Rufe kamen. Zuerst entdeckte er nichts, konnte Niemanden sehen, bis er wieder einen Schrei hörte. Dann sah er zwei Gestalten, den Schreien zufolge war einer der Beiden eine Frau, die auf dem Dach des Hauses stand, welches gegenüber der

Wirtschaft stand, vor der er sich gerade befand. Die eine Gestalt, vermutlich die Frau, stand am Rand des Daches und wedelte wild mit den Armen und gestikulierte mit ihren Armen in Richtung des Mannes, der ebenfalls auf dem Dach stand und dicht hinter ihr war. Viktor konnte erkennen, wie der Mann immer dichter auf die Frau zuging und sie dadurch immer weiter an den Rand des Daches gedrängt wurde. Die aufgehende Sonne blendete den Ritter, so dass er sich die Hand vor die Augen halten musste. Dennoch konnte er sehen, wie der Mann immer weiter auf die Frau zuging und sie mit einem langen Gegenstand, vermutlich ein Speer, bedrohte. Die Frau schrie noch einmal und der Mann stach mit der Lanze auf die Frau ein, welche nun mit einem lauten Schrei vom Dach fiel. Viktor hörte sie noch schreien, als sie kurz vor dem Erdboden aufschlug, dann verstummten ihre Schreie. Viktor schaute wieder zum Dach hoch und sah den Mann, der die Frau offensichtlich genötigt hatte, vom Dach und damit in den Tod zu springen, wie dieser die Lanze beiseite warf und sich anschickte, vom Dach zu klettern. Die Lanze polterte das Dach herunter und blieb mit einem dumpfen Klirren auf dem Erdboden liegen. Der Mann verschwand auf der anderen Seite des Daches, offensichtlich war dort eine Dachluke, durch die er wieder ins Innere des Gebäudes steigen konnte. Viktor ging zu dem Körper, der reglos auf dem Boden lag und erkannte die Frau aus der Gaststätte. Sie lag auf dem Rücken, während ihre Beine und Arme in unnatürlicher Verrenkung von ihr ausgestreckt waren. Ihre leblosen Augen waren weit aufgerissen und starrten Viktor an, als würde der Leichnam jeden Moment anfangen zu schreien. Aus ihrem Kopf quoll eine schwarze

Flüssigkeit und ein dünner schwarzer Rinnsal floss aus dem aufgerissenen Mund. Viktor sah, wie schwarze Würmer aus ihrem Mund krochen und zu Boden fielen. Die Haustür des Gebäudes, von dem die Frau gestürzt worden war, ging auf und ein hagerer, jünger wirkender Mann ging in gebückter Haltung heraus und winkte Viktor zu. „Der Hexe habe ich es gezeigt", rief er Viktor, scheinbar erfreut, zu. „Die verzaubert keinen mehr!" „Sicher, dass sie eine Hexe war?" fragte Viktor den Mann, scheinbar beiläufig. Er kannte den Mann. Es war einer der drei Männer, die mit ihm am Abend zuvor noch zusammen am Tisch saßen. „Ja natürlich", sagte der Mann in einem Tonfall, als würde er die Frage von Viktor nicht ganz verstehen. „Hast Du denn nicht gemerkt, dass das Bier völlig normal schmeckt, als wäre es überhaupt nicht verdorben? Richtig lecker war es sogar! Selbst unser Brunnenwasser ist verdorben und da soll ich glauben, dass sie damit nichts zu tun hat? Bevor Du gestern die Stadtmauern verlassen hast, haben wir beschlossen, die Alte umzubringen. Ich meine, so wie sie aussah, wäre sie eh bald krepiert, wie wir alle. Aber wir wollten auf Nummer sicher gehen. Verstehst Du?" Viktor verstand. Er verstand nur zu gut. Dieser Mensch hatte die Frau getötet, aufgrund eines Verdachts. Diese Menschen hier, falls man sie noch Menschen nennen kann, haben gar keine andere Wahl, als alles, was ungewöhnlich erscheint, auszulöschen. Nicht, dass die Inwalder von Natur aus schlechte Menschen waren, nein, dass nun wahrlich nicht. Sie hatten einfach keine andere Wahl und Viktor wusste, dass er genauso handeln würde. *Sie können nichts dafür, weil sie das, was um sie herum passiert, nicht verstehen,* dachte Viktor. Und mit dieser Erkenntnis begriff er plötzlich, in welcher Gefahr er schwebte. Würde er mit diesen Männern zur schwarzen Hütte reiten, würde er niemals wieder lebend zurückkommen. Würde er in Inwald bleiben, würde er nicht an der Krankheit sterben, sondern die Überlebenden würden ihn umbringen. Nachts, wenn er schlief, würden sie sich an ihn heranschleichen und ihm die Kehle durchschneiden und seine Überreste verbrennen, oder genauso in einer gottlosen Kirche zur Schau stellen, wie er es am Tag zuvor gesehen hatte. Er zog seinen Dolch und ging auf den Mann zu. Seine Augen weiteten sich vor Schreck, als er Viktor mit dem Dolch auf sich zukommen sah. „Wenn Du mich tötest, wirst Du nie zur schwarzen Hütte finden. Die Anderen werden wissen, was Du getan hast und es Dir nicht verraten. Im Leben nicht!" „Einer von Euch wird mir den Weg erklären", sagte Viktor, in seinem ruhigen Tonfall, den er meistens anschlug, wenn er sich entschieden hatte. „Verschone mich!" flehte der Mann ängstlich. Viktor achtete nicht darauf und stieß den Dolch in den Unterleib des Mannes. Als er den Dolch im Körper des Mannes herumdrehte, quoll schwarzes Blut aus der Wunde und ergoss sich über Viktors Hand. Der Mann stöhnte leise auf, dann sackte er zu Boden auf die Knie. Viktor zog das Messer aus dem Körper des Mannes und hoffte somit, dass dieser schnell verbluten würde. Der sterbende Mann kniete vornübergebeugt, die Hände auf die Wunde gepresst und stöhnte leise. Viktor ging um den Mann herum, blieb hinter ihm stehen, holte mit seinem Bein aus und trat ihm mit aller Wucht in den Rücken. Der Mann schoss durch den Tritt nach vorne und blieb regungslos mit dem Gesicht nach unten liegen. Viktor wischte die Klinge des Messers an der Kleidung des

Toten ab und steckte es zurück unter seinen Mantel. Er
rechnete nicht damit, dass die anderen Überlebenden
noch in der Lage waren, Widerstand gegen ihn zu
leisten, sie waren im Prinzip lebende Leichen, sie waren
schon tot, auch, wenn sie es nicht wussten. Er ging zu
seinem Pferd, sattelte auf und zog das Schwert aus der
Scheide. Es wurde Zeit, die Übrigen zu suchen. Und er
fand sie. Einen nach den Anderen. Ein Inwalder kam
aus der Seitenstraße heraus auf ihn zu, vermutlich, so
dachte Viktor, wollte er in die Wirtschaft, um sich dort
mit den Inwaldern zu treffen. Viktor ritt schnell auf ihn
zu, hob das Schwert und schlug während des Reitens
dem Passanten das Schwert auf den Kopf. Der
Fußgänger sackte in die Knie und blieb regungslos
liegen. Als er weiter in Richtung Kirche ritt, kamen ihm
zwei Frauen entgegen. Jedenfalls waren es einmal
Frauen, so war jedenfalls sein Eindruck. Ihre Gesichter
waren vom schwarzen Tod schwer entstellt und sie
humpelten beide, weshalb sie sich beide während des
Laufens stützen mussten. Zumindest versuchten sie es,
was einen bemitleidenswerten Eindruck bei Viktor
hinterließ. Er schnellte auf die Beiden zu, sprang vom
Pferd und stieß der ersten, die nahe bei ihm stand und
ihn fragend ansah, sein Schwert in die Brust. Sie
krümmte sich nach vorne und verharrte auf Knien. Die
Frau, die sie begleitet hatte, wollte anfangen zu schreien,
öffnete den Mund, es kam allerdings nur ein heiseres
Krächzen heraus, während ihr dabei schwarze Würmer
aus dem Mund fielen. Viktor hob das Schwert und stieß
es der Frau mitten in den offenen Mund. Die Klinge
durchdrang ihren Rachen und Viktor trieb das Schwert
noch weiter, bis es durch ihren Nacken wieder
hindurchschien. Er sah auf die beiden toten Frauen

herab und hob langsam den Kopf. Er stand direkt vor
der Kirche. Langsam ging er die großen breiten
Steinstufen hinauf und stand vor der großen, schweren
Holztür. Er ließ die Hand auf den Türknauf sinken und
öffnete langsam die Tür.

Mord

Brutus überlegte, was er nun tun sollte. Der Auftrag war
natürlich erledigt, den ihn Ewald aufgetragen hatte. Es
war gar nicht so besonders, wie er gedacht hatte.
Außerdem war es ihm leichter gefallen, wie er sich
Anfangs vorgestellt hatte. Das lag seiner Meinung nach
natürlich daran, dass, wenn man schon die Mutter mit
dem Brieföffner erledigte, konnte es mit ihren Kindern
logischerweise nicht mehr so derartig schwerfallen. Für
Viktor war darin eine gewisse Logik erkennbar. Er war
halt ein Mörder, das war ihm nun bewusst. Er schämte
sich auch keineswegs dafür, oder hatte irgendwelche
moralischen Empfindungen dabei. War nicht die halbe
Welt ein einzigartiges, unverbesserliches Mordgesindel?
Wenn er nur an die Armeen dachte, die Ewald sein
Vater zu Lebzeiten beherrschte. Waren die ganzen
Söldner und ja, auch die regulären Soldaten, nicht alles
irgendwie Mörder? Wo war denn der Unterschied
zwischen jemanden, der aufgrund einer Entlohnung
jemanden tötete, oder jemanden, der es tat, aufgrund
einer, nun sagen wir mal, persönlichen Vorteils. Dieser
Vorteil, so sagte sich Brutus, konnte verschiedener
Natur sein. Es konnte zum Beispiel sein, dass jemand
aus Notwehr handelte. Ebenso, und das sollte man nicht

ausschließen, kann diese Notwehr ja weitestgehend frei definiert werden. Wenn man also jemanden tötet, hatte man immer, denn ansonsten würde man es nicht tun, einen guten Grund dazu. Kann einem Mörder also vergeben werden, wenn man einen guten Grund zum Mord hatte? Diese Frage galt es zu verneinen, ein Mord konnte niemals vergeben werden, dazu war Brutus viel zu christlich erzogen worden. Ein Mord aber, dem ein guter Grund vorausging, war nämlich kein Mord. Somit gab es auch nichts zu vergeben. Und wie war es mit dem Verlangen, zu töten? War das kein Grund? Im Prinzip schon. Gott, da war Brutus sicher, war Mensch geworden, in Form von Jesus Christus. Und weil dem so war, konnte nur Gott ihn mit seinem Charakter geschaffen haben, ebenso seine niederen Instinkte, nicht nur seine, die aller Lebewesen auf dieser Welt. Sie alle waren Gottes Wille. Die Menschen selber konnten ihn natürlich für seine Taten zur Rechenschaft ziehen und ihn verurteilen, aber Gott könnte es nicht tun. Er würde es nicht tun. Das Verlangen, was er spürte, als sich seine großen Hände um den Hals des Mädchens legten, die Erregung, die er in seinem Unterleib verspürte, das alles hatte Gott ihm angedeihen lassen. Somit war der Weg für ihn frei, seinen Trieben freien Lauf zu lassen. Bei dem Jungen war es schnell gegangen. Ein kurzer Stich mit dem Brieföffner, als er den Jungen umarmte, war keine große Sache. Der Junge starrte ihn noch mit großen verwunderten Augen an, stolperte ein paar Schritte zurück, während er sich an den Hals fasste und das Blut in einer dünnen Fontäne aus seiner Halsschlagader spritzte. Als jedoch der Junge anfing, durch das Zimmer zu torkeln, wie ein Betrunkener, bekam Brutus plötzlich Panik, der Junge könnte so in

diesem Zustand das Zimmer verlassen und die seine
Schwester warnen, die sich noch in der Küche aufhielt,
um etwas Essbares zu suchen und sich vermutlich schon
wunderte, warum die Mutter nicht da war. Brutus
wollte und musste das um jeden Preis verhindern. Er
sah sich hastig im Zimmer um, seine Augen suchten
panisch die Tische ab, um irgendetwas zu finden, womit
er dem Ganzen ein Ende setzen konnte. Schließlich
erblickte er eine große schwere Öllampe, mitten auf
einem Ecktisch, neben dem schweren, ledernen Sessel,
auf dem er so oft gesessen hatte. Seine Hand griff nach
der Lampe, umklammerte den schweren Stiel und seine
Füße trugen ihn wie von selbst zu dem Jungen, der ihn
immer noch mit aufgerissenen Augen anstarrte und sich
den Hals festhielt. Wie von selbst hob Brutus die Lampe
hoch und ließ den schweren Glaskörper, in dem der
Docht   steckte,   auf   den   Kopf   des   Jungen
niederschmettern.   Der   Junge   machte   eine   halbe
Drehung und sackte schließlich auf die Knie. Brutus hob
noch einmal die Lampe, schlug wieder zu, dann noch
einmal, dann noch einmal. Als sich der Junge nicht mehr
rührte, eigentlich hatte er sich schon nach dem ersten
Hieb nicht mehr gerührt, ließ er die Lampe fallen und
torkelte zurück, um wieder Luft zu kriegen. Sein Atem
ging in kurzen, schnellen Stößen, sein Gesicht war rot
angelaufen und er schwitzte unter seinem Mantel. Ihm
war schrecklich heiß. Er taumelte zurück, ließ sich auf
den Sessel fallen und schnaufte. Wenn jetzt die Tochter
hereinkam, würde sie vermutlich schreiend aus dem
Haus laufen und der ganze Hof würde nachschauen
wollen, was passiert war. Aber Brutus brauchte eine
Pause, um wieder Luft holen zu können. Die Schwester
kam nicht, jedenfalls noch nicht. Als sein Atem sich

121

beruhigt hatte, dachte er über seine weitere Vorgehensweise nach. Das war noch nicht das, was er sich vorgestellt hatte. Gut, der Junge war zwar tot, aber es ging ihm alles viel zu schnell. Das es schnell gehen musste, wäre nicht weiter schlimm gewesen, aber es befriedigte ihn nicht so sehr, wie er gehofft hatte. Es war einfach zu…*natürlich*. Das war es gewesen. Es ging zu schnell. Es war zu einfach. Der Junge war tot, das war auch das Ziel, aber trotzdem, die Schwester würde gleich hereinkommen und mit ihr müsste es etwas Besonderes werden. Er stand auf, stellte sich neben der Tür und wartete. Auf den Brieföffner verzichtete er, damit zuzustechen kam ihm zu *natürlich* vor. Plötzlich hörte er Schritte. Sein ganzer Körper spannte sich an, als wenn ein Raubtier zu einem Sprung ansetzt. Die Tür zum Wohnzimmer wurde aufgestoßen und die Schwester des toten Jungen kam herein. Ihr Name war Eva. Brutus mochte sie, sie war ein nettes, anständiges Mädchen. Es würde ein Vergnügen mit ihr werden. Als Eva in das Wohnzimmer kam, sah sie als erstes ihren toten Bruder auf dem Teppich liegen. Ihr Mund öffnete sich zu einem Ausdruck des Erstaunens, zu einem Aufschrei kam sie jedoch nicht, da Brutus seine großen Hände sich schnell um ihren Hals legten und zudrückten. Jetzt hatte er sie. Brutus drückte mit aller Kraft zu. Das Mädchen versuchte reflexartig, sich von Brutus weg zu stemmen, was natürlich sinnlos war. Brutus drückte seinen Körper auf das des Mädchens und beide gingen zu Boden. Brutus lag auf ihr. Sein Blut schien zu kochen, sein Puls raste und sein Herz schien vor lauter Erregung zu bersten, so schnell schlug es. Er verspürte eine Erregung unter seinem Mantel und wusste auf einmal, was er zu tun hatte. Der Widerstand des Mädchens ließ langsam nach und schließlich erschlafften ihre Arme. Brutus richtete sich auf, riss dem Mädchen die Kleider vom Leib, bis sie nackt vor ihm lag. Dann zog er seinen Mantel aus und entledigte sich seiner Unterwäsche. Als er schwitzend und keuchend über dem bewusstlosen Mädchen stand, betrachtete er sie eine Weile. Eigentlich, dachte er, wäre es besser gewesen, wenn sie noch etwas mitbekommen würde, aber dafür war es jetzt zu spät, er hatte schon genug Zeit vergeudet. Langsam, wie in Zeitlupe, als ob er diesen Moment auskosten würde, beugte er sich langsam über sie und missbrauchte den kleinen noch unausgereiften Körper. Während er völlig in Ekstase zu verfallen schien und sich immer brutaler an dem Mädchen verging, starb dieses an seinen inneren Verletzungen.

Kirche

Zu dieser Zeit etwa, als es auf Mittag zuging, öffnete Viktor die Tür zur Kirche. Langsam schob er die schwere, mit Eisen beschlagene Eichentür nach innen. Als er eintrat, bot sich ihm ein furchtbares Bild. Auf dem Tisch, der einmal ein Altar gewesen war, lag eine Leiche. Viktor erkannte sie sofort. Es war die Frau, die vom Dach gefallen war. Die Inwalder hatten sie, während er blindlings durch die Stadt gewütet war, von der Straße geschafft und hier in die Kirche gebracht. Er erkannte sofort, dass der Leichnam geschändet worden war. Der Körper hatte tiefe Wunden in Ober- und Unterleib und Gegenstände ragten aus ihm hervor. Vor dem Altar knieten zwei Frauen. Sie schienen zu beten. Nein, es war kein Beten, es war eine Art Gesang, welche die beiden vor sich hinmurmelten. Der Gesang war melodisch, aber etwas an diesem Gesang war verdorben. Etwas klang mit ihm, was Viktor die Haare zu Berge stehen ließ. Es war eine disharmonische, monotone Stimmlage, die Viktor so störte. Es war, als wollten die beiden singen, aber der Gesang sollte jemanden erreichen, der so weit weg an einem finsteren Ort lebte, dass dieser jemand, wer immer das sein mochte, niemals das Sonnenlicht sehen würde. An wem auch immer dieser Gesang gerichtet war, er war von Grund auf an böse, aber schlimmer, der Gesang sorgte dafür, dass es so blieb. Viktor hob das Schwert und ging auf die beiden, in Ekstase versunkenen Frauen zu. Sie waren unterschiedlich alt und obwohl sie knieten und mit dem Kopf von Viktor abgewandt waren, erkannte er, dass die eine Person wesentlich älter, als die andere war. Mutter und Tochter? Viktor wunderte nichts mehr in dieser Stadt und warum auch nicht? Welcher böse Geist sich auch immer in Inwald festgesetzt hatte, er machte vor Familienmitglieder keinen Halt. Als er vor den beiden Frauen stand, rief er: „Was zum Teufel macht Ihr hier? Gottverlassene Brut!" Die beiden Frauen schreckten hoch. Die Ältere der Beiden war wesentlich stärker vom schwarzen Tod gekennzeichnet, als die Andere. Die Andere, also die Jüngere, konnte man fast als hübsch bezeichnen. Zwar waren auch die ersten Anzeichen des schwarzen Tods auf ihrem Gesicht zu sehen, aber sie war bei Weitem nicht so entstellt, wie die Ältere. Die beiden schrien auf und versuchten vor ihm wegzulaufen. Das gelang der Jüngeren, die Ältere jedoch hatte kaum noch Kraft und schleppte sich mühselig vor ihm davon. Viktor ging ihr fast schon gelassen hinterher, hob das Schwert und stieß es ihr mit geballter Wucht in den Rücken. Viktor spürte einen Widerstand, als sein Schwert ihr Rückrad zertrümmerte, stieß das Schwert weiter und hörte erst auf, als seine Schwertspitze den harten Steinboden der Kirche berührte. Die Frau war augenblicklich tot. Er nahm den Griff in beide Hände und zog das Schwert wieder aus dem Leichnam. Dann schaute er sich um und suchte die Kirche nach der jüngeren Frau ab. Seine Augen hatten sich an die Dunkelheit gewöhnt und so musste er nicht lange suchen. Sie kauerte hinter den Bänken, seitlich des Altars. Viktor hob das Schwert und ging langsam auf sie zu. Er war jedoch vorsichtig. Er hatte gesehen, dass Inwalder durchaus gefährlich sein konnten und musste damit rechnen, dass sie bewaffnet war. Als er schließlich vor ihr stand, erwies sich dieser Verdacht jedoch als unbegründet. Sie kauerte nur da, auf dem Boden und beobachtete ihn über die Stuhllehnen hinweg. „Willst Du mich auch einfach so abschlachten, wie all die anderen?" fragte sie plötzlich. Viktor war erstaunt. Ihre Stimme klang nicht krächzend oder heiser, sie klang ganz normal, weiblich, natürlich. „Natürlich", antwortete er beiläufig. „Es sei denn, Du führst mich zur schwarzen Hütte". Plötzlich erhellten sich ihre Augen und sie kam hinter dem Stuhl hervor. Sie richtete sich auf, natürlich immer noch vorsichtig und bereit wegzulaufen, sie stand ihm jetzt aber ein paar Schritte gegenüber. Viktor wertete das als Zeichen, dass sie etwas von der schwarzen Hütte wusste und dass sie ebenfalls vom schwarzen Tod etwas wusste. Vielleicht nicht alles, aber etwas würde sie ihm sagen können. „Wenn Du hier alle umbringst, wird Dir keiner mehr helfen können", fauchte sie ihn auf einmal stur an.

„Dann finde ich es alleine heraus", entgegnete er beiläufig. „Oder ich bringe jemanden dazu, mir alles zu erzählen. Mit so etwas habe ich Erfahrung." „Mag ja sein", spottete sie unverhohlen. Sie schien jegliche Angst vor ihm verloren zu haben. „Aber glaubst Du wirklich, irgendjemanden hier in Inwald schreckt der Tod? Oder Folter? Denkst Du, damit könntest Du irgendjemanden hier auch nur ansatzweise beeindrucken? Sei doch kein Narr!" Viktor wusste, dass sie recht hatte, sagte aber nichts. „Komm hervor", sagte er. „Ich werde Dir vorerst nichts antun. Bring mich zur Hütte, dann lasse ich Dich gehen. Es sollte auch in Deinem Interesse sein, dass ich herausfinden kann, was hier passiert ist." „Woher weißt Du von der schwarzen Hütte", fragte sie. Ihre Angst schien verraucht, ihr Selbstbewusstsein kehrte zurück. „Außenstehende wissen normalerweise nichts davon." Sie setzte sich auf einen Stuhl und blickte zu Boden. Eine Zeit schwieg sie, dann sah sie ihn an und fuhr fort. „Meine Großeltern haben mir von der schwarzen Hütte erzählt. Einmal im Jahr, so hieß es damals, gelangt man in diese Hütte hinein. Aber nur dann, wenn die Sterne im Zeichen des Drachen stehen. Nur dann, so heißt es, öffnet sich die Tür für einen kurzen Moment und man gelangt hinein. Was da in Wahrheit dran ist, kann ich nicht sagen, ich selbst war als Kind einmal bei der Hütte. Damals, ich war mit meinem Vater losgegangen, um Brennholz für den Winter einzusammeln und irgendwie bin ich wohl vom Weg abgekommen." „Wie schaut sie aus, diese schwarze Hütte", fragte Viktor sie. Er setzte sich nun zwei Stühle entfernt von ihr, behielt seine Hand aber immer noch am Griff seines Schwertes. „Sie sieht aus, wie eine Hütte halt, nur das sie schwarz ist. Ich weiß

nicht mehr jedes Detail, aber ich kann sagen, dass die
Hütte nicht wirklich schwarz war. Die dunkle Farbe
kam, weil das Holz mit den Jahren einfach dunkel
geworden ist. Vielleicht hat auch jemand versucht, sie
niederzubrennen. Aber eines weiß ich noch genau.
Meine Eltern hatten mir immer eingeredet, dass man auf
gar keinen Fall in die Nähe dieser Hütte gehen darf.
Sobald man sie erblickt, sollte ich wegrennen. Das habe
ich oft zu Ohren bekommen und ich habe mich natürlich
gehorcht, ebenso wie mein Bruder, der panische Angst
vor dieser Hütte hatte. Das Merkwürdige daran war
jedoch, dass ich an diesem besagten Nachmittag, wo ich
die Hütte entdeckte, die ganze Zeit über in der Nähe
meines Vaters gewesen bin und trotzdem bin ich durch
einen dummen Zufall vom Weg abgekommen. Nicht
nur, dass ich mich verlaufen habe, das war ja schon
schlimm genug, Du musst Dir vorstellen, ich war erst
zwölf Jahre alt. Wäre ich einem Kobold oder einem
Waldgeist in die Hände gefallen, wäre ich verloren
gewesen. Aber ich ging nicht verloren, jedenfalls bin ich
gerade noch mit heiler Haut davongekommen. Ich
erinnere mich noch genau, wie ich meinen Vater
beobachtete, der gerade die die Holzstämme auf die
Bahre legte und ich drehte mich um. Ich will damit
sagen, ich habe mich umgedreht, ich bin nicht
weggegangen, ich habe zu keinem Zeitpunkt meinen
Platz verlassen. Und als ich mich wieder umdrehte, war
mein Vater verschwunden, ebenso das Pferd mit der
Bahre und dem Holz. Ich hatte tierische Angst
bekommen und schrie aus Leibeskräften und horchte
zwischendurch, ob mein Vater ebenfalls nach mir schrie.
Aber nichts, es war nichts zu hören. Ich ging dann ein
paar Schritte und gelangte zu einer kleinen Lichtung.

Vielleicht ist mein Vater ein paar Schritte gegangen, dachte ich mir. Eine andere Erklärung gab es ja nicht. Ich ging auf die Lichtung zu und sah sie. Es war merkwürdig, es war, als hätte mich irgendjemand, oder irgendetwas, zu dieser Hütte geführt, *als hätte die Hütte mich gefunden.* Ich konnte es mir damals nicht erklären und kann es heute auch noch nicht." „Was ist dann passiert?" wollte Viktor wissen. Er wusste noch gar nicht, wieviel Glauben er den Worten schenken sollte. „Nichts weiter", entgegnete sie. „Ich stand eine ganze Weile da, wie lange weiß ich nicht und starrte die Hütte an. Eine Tür konnte ich nicht entdecken, sie konnte aber auch auf der anderen Seite der Hütte sein, das war gut möglich. Und es hieß ja immer, die Hütte habe keine Fenster. Das stimmt aber nicht, sie hat Fenster, sehr große sogar, durch die ich hereingucken konnte." „Konntest Du was sehen? Hast Du irgendwas gesehen"? wollte Viktor wissen. „Umhänge. Ich sah große rote Umhänge. Ähnlich wie in einer Schauspielbühne."

Beerdigung

Er saß auf dem Sessel und dachte nach. Die drei toten Körper mussten verschwinden und zwar so schnell wie möglich. Er überlegte sich, wie er das am besten anstellen sollte. Es gab mehrere Möglichkeiten. Er konnte sie vergraben, verbrennen, oder in einem Fluss versenken. Würde er sie vergraben, würden die Hunde sie entdecken. Es sei denn, er würde tief genug graben, damit wäre er aber ein paar Stunden beschäftigt, was bedeuten würde, dass irgendjemand, aus einem dummen Zufall heraus, ihn entdecken könnte. Und einen weiteren Mord konnte er sich nicht leisten. Außerhalb der Hofmauern schon gar nicht. Verbrennen wäre am effektivsten, niemand würde jemals Überreste finden, wenn das Feuer nur heiß genug war und lange genug brannte. Hier war das Problem, dass der Gestank von verbranntem Fleisch, neugierige Fragesteller auf den Plan rufen würde, was auch wiederum mit einem Mord verbunden sein würde, welches Brutus ja vermeiden wollte. Die letzte Möglichkeit wäre, sie in den Fluss zu versenken, der nahe an den Grenzen des Heiligen Reiches floss. Hier wäre das Problem, die toten Körper irgendwie dahin zu schaffen, ohne Aufmerksamkeit zu erregen. Gut, das könnte er nachts machen. Aber was wäre, wenn der Fluss weniger Wasser mit sich führte und die Leichen plötzlich zu sehen waren? Ihm war nicht wohl bei dem Gedanken. Es wurden natürlich öfter Leichen im Fluss gefunden und irgendein armer Trottel wurde jedes Mal verhaftet. Oft waren es Verwandte, Ehefrauen, aber auch Diener, die des Mordes angeklagt wurden. Natürlich würde Friedhelms verkommener Sohn, der Ewald, versuchen, ihn vor der Polizei zu schützen und ihm ein Alibi zu verschaffen. Aber konnte er sich darauf verlassen? Wenn der Verdacht wirklich auf Brutus fallen sollte, würde Ewald dann noch zu ihm halten? Ausgerechnet zu ihm? Der eine Mutter mit zwei Kindern umgebracht hatte, dazu noch das eine vergewaltigt hatte? Brutus bezweifelte das, sehr sogar. Nein, in dieser Hinsicht konnte er niemandem vertrauen, nur sich selbst. Er würde die toten Körper erstmal in eine Decke wickeln und im Pferdestall verstecken. Der Knappe würde

gerade vermutlich am Galgen hängen, insofern würde
so schnell dort niemand hinschauen, geschweige denn,
sich zufällig dort aufhalten. Heute Nacht würde er dann
die Leichen auf sein Pferd wuchten und damit zum
Fluss gehen. Viktor fragte sich, wie er das anstellen
sollte, die Leichen auf das Pferd zu heben. Bei den
Kindern mochte das funktionieren, die Frau allerdings
war zu schwer, die würde er niemals angehoben
bekommen. Er erinnerte sich daran, wie er die Leiche
vom Flur in das Wohnzimmer geschleift hatte, er war
danach völlig durchgeschwitzt gewesen, so schwer war
der Körper zu bewegen. Und so etwas auf ein Pferd
heben? Er verwarf den Gedanken. Er musste anfangen,
ein Loch zu graben, welches tief genug war, dass Hunde
die Überreste der Toten nicht finden würden. Zufrieden
mit sich selbst und mit seinem Plan, ging er in die Küche,
aß von dem Brot, welches die Tochter aus dem
Brotschrank hervorgeholt hatte und bereitete sich auf
die schwere Arbeit vor. Als er fertig gegessen hatte, ging
Brutus in den Stall, danach in die Waschküche. Von der
Waschküche aus, gelangte er in eine Art Vorraum, wo
es zu den Geräten ging, die nötig waren, um Felder zu
bestellen. Hier fand er auch, was er suchte. Er forschte
die Wände ab und sah schließlich eine Schaufel, die
massiv genug erschien, soviel Erde wie nötig zu
bewegen. Er nahm die Schaufel, die zusammen mit
anderen Werkzeugen an der Wand hing und
schlenderte, fast schon gemächlich, zum Haus zurück.
Wieder im Haus angekommen, stellte er erstmal die
Schaufel beiseite und schaffte die beiden Kinderleichen
in den Stall zu der anderen Leiche. Er wunderte sich,
wie schwer ihm die Leichen vorkamen, obwohl sie so
klein waren und war froh, sich nicht dafür entschieden

zu haben, die Leichen auf ein Pferd zu heben. Hier im Stall würde sie so schnell niemand entdecken, vermutlich konnte man sie dort einfach liegen lassen, aber das wäre töricht. Er stapelte ein paar Heuballen vor die toten Körper, dass selbst, wenn ein Neugieriger in den Stall sich verirren würde, er die Leichen nicht entdecken dürfte. Danach musste er sich eine Weile hinsetzen, da ihm diese Arbeit doch mehr zu schaffen machte, wie er geahnt hatte. Und es grauste ihm bei dem Gedanken, dass er das Schwerste noch vor sich hatte. Er saß eine Weile auf einem Heuballen und dachte daran, wie es weitergehen sollte. Im Prinzip, wenn alles erledigt war, konnte er zu seinem neuen Herrn gehen und ihn um den nächsten Auftrag bitten. Brutus war schlau genug, zu wissen, dass, sobald Ewald keine Verwendung mehr für ihn hatte, ihn umgehend beseitigen würde. Und selbst, wenn man Ewald als Drahtzieher hinter den Morden ins Spiel bringen würde, würde es nichts nützen. Er war der Sohn von Friedhelm und besaß die Stiftung. Ewald war mächtig und vor allem: Er war nicht so dumm, wie sein Vater. Brutus lebte also gefährlich, dass wusste er. Er hatte sich erpressbar gemacht und nun war er abhängig von einem Herrn, für den er drei Menschen getötet hatte. Gut, vielleicht hätte er sie eh eines Tages getötet, aber das spielte erstmal keine Rolle. Brutus war in einer undankbaren Situation und je mehr er darüber nachdachte, desto komplizierter erschien sie ihm. „*Lauf weg*", dachte er betrübt. „*Lauf einfach weg und geh in eine andere Stadt, am besten so weit weg, wo Dich keiner kennt.*" Er ging zurück in den Flur, verließ das Haus durch die Vordertür und ging mit dem Spaten um das Haus herum. Er würde eine ganze Weile graben, vielleicht fiel ihm dabei eine Lösung ein. Er ging durch den Blumengarten, schritt durch die großzügig angelegten Beete hindurch und kam auf eine Art Veranda zu. Diese Veranda hatten die Damiens oft als Sitzgelegenheit am Sonntag genutzt, dort zusammen mit Familienmitglieder, oder Freunden gesessen. Manchmal hatte Viktor dort auch einfach nur gesessen und geraucht, während er seinen Gedanken nachhing. Viktor kannte diese Veranda nur allzu gut. Oft hatte er auf allen Vieren gekniet und die Eichenbohlen gesäubert. Damit diese arrogante Hexe Miriam es auch schön sauber hatte, wenn sie hier saß, gemeinsam mit ihren noch arroganteren Freundinnen und auf eine dämliche Art und Weise kicherten, die Brutus jedes Mal die Zornesröte ins Gesicht trieb. Selbstverständlich würdigten diese eingebildeten Schnepfen ihn keines Blickes, obwohl er sich jedes Mal bemühte, alles nach ihrer Zufriedenheit zu erledigen. Ja, er war nicht nur freundlich zu ihnen, er war besonders freundlich. Er fragte sie zum Beispiel, ob sie Zucker in den Tee haben wollten, ob es sonst noch etwas sein durfte, und so weiter, und so fort. Aber das war Vergangenheit und Brutus war froh, dass es so war, trotz der Probleme, die jetzt hatte. Er ging über den Eichenboden und stellte sich hinter die Veranda, so dass er schon wieder halb in einem Blumenbeet stand. Er stach die Schaufel in die Erde und fing an zu graben. Er fing mit schnellen Bewegungen an, jedoch verließen ihn nach nur wenigen Minuten die Kräfte und er musste sich hinsetzen. Brutus fing an zu fluchen und ärgerte sich über sich selbst, dass er auf diese Schnapsidee gekommen war, hier, im Garten, ein Loch zu Graben. Die Erde war jetzt ungefähr einen halben Meter erst ausgehoben und ein kleiner

Sandberg häufte sich neben dem kläglichen Loch, welches er so mühsam geschaufelt hatte. Aber es half jetzt nichts. Er musste mindestens drei Meter tief graben, auch, wenn es bis morgen früh dauern sollte. Also holte er tief Luft, dann grub er weiter.

Die schwarze Hütte

Der Ritter hörte gespannt zu. Die schwarze Hütte schien der Schlüssel für die Vorfälle zu sein, die hier in Inwald passierten. Er konnte sich auf die Geschichte der jungen Frau keinen Reim machen, aber irgendetwas musste von dieser Hütte ausgehen und er war jetzt schon entschlossen, es herauszufinden. Und wenn er dabei sterben sollte? Nun, vermutlich war er eh schon mit dem schwarzen Tod infiziert, selbst wenn die Symptome noch ausblieben. Das konnte sich aber jederzeit ändern, vermutete er, es war also Zeit, der Sache auf den Grund zu gehen. Hier, direkt in Inwald jedenfalls, würde er der Sache keinen Deut näherkommen. Die Menschen hier waren gestorben und die Überlebenden töteten sich selbst, oder verfielen irgendeinem religiösem Wahn, den Viktor nicht die Spur Lust hatte, weiter zu verfolgen. „Hast Du noch mehr gesehen", fragte er die Frau. Sie saßen nun direkt nebeneinander. Viktor hatte das Schwert eingesteckt, er sah keine Gefahr von der Frau ausgehen, abgesehen davon, dass sie verrückt war, würde er sie höchstens vor sich selbst schützen müssen. „Ich stand eine ganze Weile dort", sagte sie schließlich. „Aber gesehen habe ich nichts weiter. Nur diese schwarze Holzhütte, mit

Fenstern, durch die ich diese roten Vorhänge gesehen habe. Aber geträumt habe ich. Merkwürdige Sachen." „Geträumt? Von der Hütte?" „Ich denke, dass es damit zu tun hat. Ich träume heute noch manchmal davon." „Erzähl mir von den Träumen", forderte er sie auf. Also begann sie zu erzählen. „Manchmal bin ich in dieser Hütte gefangen, das heißt, ich weiß nicht, ob ich gefangen bin, jedenfalls verlaufe ich mich zwischen diesen ganzen roten Vorhängen und finde keinen Ausgang. Plötzlich finde ich mich in einem Raum wieder, der so aussieht, als wäre er das Wohnzimmer meiner Eltern. Aber es sind nur die Gegenstände, die gleich aussehen, der restliche Raum wirkt viel zu groß und leer. Die Sessel und die Wohnzimmergarnitur jedoch, die sind wieder gleich denjenigen, in der realen Welt. Manchmal kommen mir Menschen entgegen, die durch diesen Raum gehen, manche befinden sich auch schon in diesen Raum und sitzen einfach so herum. Sie sagen nichts, sie beobachten mich nur. Wenn ich mich hinsetze, auf einen der Sessel, die in diesem Raum verteilt sind, scheint es mir, als wollten sie mir etwas mitteilen, ich verstehe aber nichts." „Du verstehst nichts?" fragte er. „Wie ist das möglich", sprechen sie nicht die Sprache des Reiches?" „Doch schon, aber irgendwie doch nicht. Ich kann es schlecht erklären, es ist ja nur ein Traum. Jedenfalls verstehe ich nicht, was gesagt wird. Einige der Personen, die da manchmal sitzen, sind auch schon gestorben. Meine Großeltern zum Beispiel, oder der kleine Junge aus der Nachbarschaft, der vor einigen Jahren Opfer eines Serienmörders wurde. Solche Leute. Allerdings sind alle diese Leute, in meinem Traum nicht vom schwarzen Tod infiziert. Sie sind alle gesund, wenn man das überhaupt so sagen kann." „In Ordnung", sagte Viktor einige Zeit später. „Bring mich zu dieser Hütte. Sollte ich diese finden und lebend in das Heilige Reich zurückkehren, wirst Du anständig entlohnt werden. Ich gebe Dir mein Ehrenwort." „Dein Ehrenwort?" Sie lachte plötzlich. „Du bist ein Totschläger, ein gefallender Ritter, um genau zu sein. Dein Wort ist hier nichts wert. Aber ich helfe Dir trotzdem. Vielleicht findest Du ja eine Möglichkeit, den schwarzen Tod zu besiegen. Und selbst, wenn Du nur das Geheimnis der schwarzen Hütte aufklärst, wäre dies schon ein Erfolg." „Gibt es jemanden, der schon einmal in der Hütte war und davon berichten kann?" „Hier in Inwald kann Dir niemand mehr berichten", antwortete sie. Ich habe gehört, dass es Menschen gab, die sich auf den Weg gemacht haben, allerdings ist niemand von denen jemals wieder nach Inwald zurückgekehrt. Der König selbst hatte sogar ein Verbot ausgesprochen, sich überhaupt in die Nähe dieses Gebäudes zu begeben. Das nützt natürlich nur bedingt etwas. Als Kind war ich ja vorsichtig und trotzdem stand ich plötzlich vor dieser Hütte, obwohl sie gar nicht hätte da sein dürfen, da der ursprüngliche Ort ein ganz anderer war." „Wie hast Du damals eigentlich wieder zurückgefunden?" wollte Viktor wissen. Er traute der ganzen Sache noch nicht. Irgendetwas stimmte an dieser Geschichte nicht, sagte ihm sein Instinkt. Und auch mit dieser Frau stimmte etwas nicht. Aber das war kein Wunder, sie war recht jung, um die neunzehn Jahre alt und alle um sie herum starben und auch sie würde nicht mehr lange leben. „Ich stand eine ganze Weile da und habe die Hütte beobachtet. Dann habe ich meinen Vater gerufen. Ich habe immer wieder seinen Namen gerufen und panische Angst bekommen. Irgendwann, es muss ewig gedauert haben, habe ich ganz leise seine Stimme gehört. Sie kam aus der Hütte, was mich noch mehr geängstigt hatte. Es ängstigt mich auch noch heute, wenn ich daran zurückdenke. Die Stimme meines Vaters rief immer wieder nach mir, aber plötzlich wusste ich, dass es nicht mein Vater war, der nach mir rief. Die Stimme, sie hatte sich irgendwie…verändert. Sie hörte sich ganz und gar nicht mehr nach der Stimme meines Vaters an und rief weiter nach mir. Da habe ich so eine Angst bekommen, dass ich davongelaufen bin. Ich weiß noch, wie ich geschrien habe und mitten in den Wald gelaufen bin. Und dann bin ich meinen Vater plötzlich in die Arme gelaufen. Er sah aus, als wäre er wahnsinnig vor Angst, was er vermutlich auch war. „Wo warst Du" schrie er mich an. Ich erzählte ihm, dass hinter uns die schwarze Hütte liegt und ich seine Stimme gehört habe. Er war völlig in Sorge, behielt mich auf den Arm und ging mit mir zurück zu den Pferden, wo wir dann ohne Umschweife nach Hause ritten. Als wir zuhause waren, haben wir gebetet und mein Vater sagte, wir könnten Gott danken, dass ich noch am Leben bin. Wer einmal in die Nähe der Hütte kam, verliert sich dort und wird nicht mehr wiedergefunden. Nur durch Gott hätte ich mich aus diesem unheilvollen Sog befreien können." Viktor überlegte. Wenn das, was das Mädchen erzählte, stimmte, dann würde die Reise zu dieser Hütte noch gefährlicher werden, als er angenommen hatte. Es wäre gut möglich, dass er sich verlaufen würde und nicht mehr zurückfinden würde. Aber er musste es versuchen, eine andere Möglichkeit gab es nicht. Er schaute das Mädchen an und bemerkte, dass die schwarzen Flecken in ihrem Gesicht sich vermehrt hatten. Waren es anfangs nur zwei kleine Punkte gewesen, so zogen sich die schwarzen Striemen nun über ihr komplettes Gesicht. Es wurde höchste Zeit. „Was schaust Du mich so an?" wollte sie wissen und lächelte dabei. Ihr Lächeln ließ eine ganze Reihe pechschwarzer Zähne zum Vorschein bringen. *„Es ist die schwarze Hütte"*, dachte er. *„Sie weiß drum, sie weiß von unserem Vorhaben und sie hat sich das Gesicht des Mädchens gemerkt. Wie auch immer das möglich sein soll. Hier in dieser verfluchten Stadt ist anscheinend alles möglich."* „Es ist alles in Ordnung", sagte er zu ihr. „Aber wir müssen uns beeilen." „Die Stelle, wo ich die Hütte gesehen habe, ist nicht weit weg von hier. In ungefähr zwei Stunden sind wir dort, selbst wenn wir langsam reiten." „Dann lass uns aufbrechen", forderte er sie auf. Sie setzten sich auf und schritten nebeneinander her und begaben sich zum Ausgang der entweihten Kirche. Auf dem Weg dorthin drehte sie sich noch einmal um und starrte auf den leblosen Körper, der am Boden lag. „Sie war meine Mutter. Gott habe ihrer Seele gnädig". Er wusste nichts darauf zu antworten, öffnete die Kirchentür und ließ das Sonnenlicht herein. Dann verließen sie beide das Gemäuer. „Proviant habe ich", meinte er plötzlich. „Aber wir brauchen ein zweites Pferd, damit wir schneller sind." „Die meisten Pferde sind gestorben, oder wurden gegessen", entgegnete sie. „Aber wir können Glück haben, dass in der Nachbarschaft meines Elternhauses noch eines steht. Wir wohnen hier gleich um die Ecke, nur zwei Straßen weiter. Besser gesagt, haben wir dort einmal gewohnt", setzte sie noch hinzu. Viktor sagte nichts dazu, half ihr auf das Pferd, dann sattelte er selber auf und sie ritten zu dem Haus, welches das Mädchen bewohnte.

Fundstücke

Brutus grub weiter. Er war jetzt ungefähr schon einen guten Meter tief gekommen und hatte ein Loch in einem Umkreis von zwei mal zwei Metern geschaffen. Vermutlich würde das nicht ausreichen, aber er konnte ja immer noch nachbessern. Mehrere Male musste Brutus sich hinsetzen und verschnaufen. Sobald er wieder einigermaßen Luft bekam, machte er sich sogleich wieder an die Arbeit, während ihm der Schweiß vom Kopf rann, seinen Körper hinunterglitt und seine Kleidung durchnässte. Am Anfang war es zum Verzweifeln, die Erde war voller Wurzeln und er quälte sich mühselig durch die Erde. Immer wieder stach er mit der Schaufel zu, nahm seine Hände zur Hilfe und riss Wurzeln aus der Erde. Danach wurde der Boden sandiger und er konnte besser graben. Seine Hände begannen zu brennen und als er sie ansah, merkte er, dass sie bluteten. Er ging zurück in das Haus, wusch sich die Hände und nahm Leinentücher und verband sie damit. Er verspürte den Drang, in den Stall zu gehen und sich seine Opfer noch einmal anzuschauen, widerstand aber und begab sich wieder um das Haus, um weiter zu graben. Mittlerweile ging es auf Abend zu und er war noch lange nicht fertig. Er fluchte. Er hatte die Drecksarbeit erledigt, hatte diese Hexe mit ihren verkommenen Blagen ausgelöscht und nun musste er auch noch sich um die Beseitigung kümmern. Brutus empfand das als unfair, konnte sich aber auch keine andere Lösung vorstellen. Ewald wäre nicht gut auf ihn zu sprechen, sollte man die Leichen finden. So holte er immer wieder mit der Schaufel aus. Mittlerweile stand er bis zu den Hüften im Loch und konnte nun, da die Wurzeln der Bäume überwunden waren, freier graben. Allerdings wurde er schnell wieder endtäuscht, als seine Schaufel auf etwas Hartes stieß. *Das fehlt jetzt noch*, dachte er. *Die nächste Wurzel, oder altes Geröll.* Allerdings war der Gegenstand zu gleichmäßig, als das es sich um Geröll, oder Wurzeln handeln konnte. Er versuchte, den Sand um den Gegenstand herum zu entfernen, was nicht richtig gelingen wollte. Was immer sich hier befand, war groß. Sehr groß sogar. Es konnte ein alter Baumstamm sein, der wäre allerdings nach so langer Zeit verrottet und Brutus konnte sich nicht erinnern, dass Viktor hier je einen Baumstamm vergraben hätte, geschweige denn, hier überhaupt gegraben hatte. Es half nichts, er musste diesen Gegenstand ausgraben, damit er weitermachen konnte. Ein neues Loch zu graben, wäre Irrsinn und würde viel zu lange dauern. So grub er weiter und als er schließlich den Gegenstand freigelegt hatte, sah Brutus, dass es sich um eine Kiste handelte. Sie war komplett aus Holz, allerdings noch zu tief eingegraben, um sie sich genauer anzuschauen. Mit dem Wissen, eine Kiste gefunden zu haben, beschleunigte er sein Handwerk, grub schneller, ignorierte seine brennende Hände und legte Stück für Stück die Kiste frei. Brutus sah, dass die Kiste ungefähr die Größe des Loches hatte, indem er sich befand. Allerdings war sie nicht rechteckig, oder rund, sondern hatte eine Länge von ungefähr zwei Meter, allerdings eine Breite von nur ungefähr einen halben Meter. Was immer sich in dieser Kiste befand, musste also ein länglicher Gegenstand sein. Wenn sich überhaupt etwas darin befand. Brutus wurde neugierig, er konnte nur hoffen, dass es ein wertvoller Gegenstand war, der sich darin befand.

Etwas, was er verkaufen konnte, oder eintauschen, gegen etwas anderes Wertvolles. *Wenn ich dafür Silbertaler bekomme, bin ich hier verschwunden,* dachte er. *Dann sieht mich keiner aus dem Reich jemals wieder. Dann fang ich woanders ganz neu an.* Als er die Kiste soweit freigelegt hatte, dass er sie greifen konnte, umfasste er sie, um sie aus dem Loch herauszuziehen. Aber die Kiste bewegte sich kein Stück. Er legte sie nun komplett frei und sah, dass die Kiste seitlich einen Verschluss hatte. Brutus kniete sich vor die Kiste und studierte den Verschluss. Die Kiste war abgeschlossen, allerdings handelte es sich um einen simples Schloss, welches mit roher Gewalt vermutlich leicht zu sprengen sein würde. Er stand auf, nahm die Schaufel in beide Hände und schlug auf das Schloss ein. Es fiel nach dem ersten Schlag schon von der Kiste ab und landete im Sand. Brutus kniete sich abermals hin und griff nach dem Deckel. Langsam schob er ihn hoch, ließ ihn nach hinten fallen und starrte in die Kiste. Was er sah, ließ ihn erstarren. In der Kiste lag ein Schwert, dieses Schwert war groß, lang und sein Griff war mit Zeichen versehen, die Brutus nicht kannte. Dieses Schwert war alt, sehr alt, es musste hunderte Jahre alt sein. Aber das Merkwürdige an diesem Schwert war nicht sein Alter, sondern das Material, aus dem dieses Schwert gemacht worden war. Brutus glitt mit der Hand über das Schwert. Es war kein herkömmliches Metall, wie man es aus den umliegenden Bergwerken an die Oberfläche schaffte, es war überhaupt kein Material, was Brutus kannte. Ein Leuchten schien von der Klinge des Schwertes auszugehen. Es war nur schwach zu sehen, aber dieses Material hatte eine merkwürdige Eigenschaft, als wenn es im Dunkeln leuchten würde. Brutus kannte diese

alten Geschichten, vom Volk der Thyr, die angeblich vor
Hunderten Jahren merkwürdige Sachen aus der Erde
gruben, welche sie zu Monstern mutieren ließen.
Angeblich sollten einige dieser Kreaturen immer noch
unter der Erde hausen und Wanderer überfallen. Brutus
betrachtete das Schwert, und berührte dabei ehrfürchtig
die Klinge. Schließlich nahm er seinen Willen
beisammen und umfasste das Schwert mit beiden
Händen. Er hob es hoch und hielt es senkrecht vor sich.
Es war nicht so schwer, wie er vermutet hatte, aber sollte
es sich tatsächlich um ein Relikt der Thyr handeln und
Brutus war sich dessen auf einmal sehr sicher, musste es
unheimlich wertvoll sein. Man würde es kaum in Gold
aufwiegen können, jedoch der Legende nach, schafften
die Thyr Waffen, die unkaputtbar waren. Sie waren, laut
der Legende, aus einem Material, welches sonst
niemand kannte, selbst den Namen des Metalls
behielten die Thyr damals für sich. Und als er das
Schwert so festhielt, spürte er, wie er überhaupt nicht
mehr müde war. Die Schwäche, die er vom Graben her
gefühlt hatte, die schon in sämtliche Glieder gefahren
war und diese langsam steif werden ließ, war
verschwunden. An seiner Stelle war ein Energieschub
getreten, welchen Brutus schon lange nicht mehr gefühlt
hatte. Er begann, sich stark zu fühlen, ja, fast
unbesiegbar. Er stand noch eine ganze Weile so in dem
Erdloch, hielt das Schwert vor sich, genoss das erhabene
Gefühl der Stärke und betrachtete die Abendsonne.
Dann legte er das Schwert vorsichtig zurück in die Kiste
und hob die Kiste samt dem Schwert aus dem Loch. Er
stellte sie behutsam neben dem Erdloch und stieg
wieder hinein, um weiter zu schaufeln. Die Arbeit ging
ihm jetzt weitaus leichter von der Hand. Er konnte sogar

die Geschwindigkeit, mit der er die Erde aus dem Loch warf, beschleunigen. Wenn er in dem Tempo weitermachte, auf Essen und Trinken verzichten konnte, würde er tatsächlich um Mitternacht fertig werden. Wenn er fertig war, würde er mit dem Schwert diesen Verbrecher Ewald besuchen, kam ihm in den Sinn. Mit dieser Waffe würde ihm nicht allzu viel passieren können, das wusste er. Natürlich würde er vorsichtig sein müssen, Ewald war gerissen, aber Brutus hatte den Vorteil, dass er das wusste und Ewald ihn vermutlich für dumm hielt. Somit war die Überraschung auf seiner Seite. Er war jetzt vollen Mutes, spürte kaum, wie die Zeit verging und grub, ohne auch nur an einer Pause zu denken. Endlich, es war kurz vor Mitternacht, war es soweit. Das Grab hatte die richtige Größe, es war sogar tiefer als drei Meter, einfach, weil Brutus es konnte und es gewollt hatte. Es war einfach herrlich. Beseelt von dem Gedanken, dass alles gut werden würde, stieg er aus dem Grab und schlenderte zurück zum Haus, wo er überall in den Räumen Kerzen anzündete. Danach nahm er eine der Kerzen und ging durch den Flur hindurch zum Stall. Die Tiere selbst scherten sich nicht um ihn und auch das Kerzenlicht schien sie nicht zu stören. Er stellte die Kerze in sicherer Entfernung zum Stroh und näherte sich den Leichen. Kamen diese ihm heute Mittag noch schwer vor, waren sie nun leicht und mühelos anzuheben. Er trug die tote Frau auf den Armen, warf sie sich über die Schulter und ging um das Haus zurück. Mit einem dumpfen Geräusch ließ er den Körper in die Grube fallen. Dann ging er zurück und holte ein totes Kind nach dem Anderen. Mittlerweile war es zwar dunkel, aber im Mondlicht konnte Brutus sehen, dass die Leichen ineinander verkeilt in der Grube lagen. Er war zufrieden, sehr zufrieden sogar. Er nahm die Schaufel wieder an sich und begann, das Grab mit Erde aufzufüllen. Als er fertig war, waren gute zwei Stunden vergangen, er fühlte dennoch keine Müdigkeit in sich. Als alles erledigt war, klopfte er die Erde mit der Schaufel fest und trat mit seinen Stiefeln nach. Obwohl ihm die Arbeit so sonderbar leicht fiel, wusste, dass er es nicht übertreiben durfte. Welche Macht auch immer durch dieser Waffe auf ihn übergegangen war, sein Körper würde dennoch nur eine gewisse Zeit diese schwere Belastung aushalten. Er würde etwas Essen, Trinken und danach schlafen müssen. Das war ihm nur recht, er hatte eh vor, sich zu waschen und neue Kleidung anzuziehen. Und wenn er ehrlich war, eine leichte Müdigkeit konnte er sich selbst gegenüber nicht abstreiten. Gemächlich und zufrieden, ging er ins Haus zurück, erreichte schließlich den Raum mit den Gartengeräten und stellte die Schaufel exakt dorthin, wo er sie gefunden hatte. Danach schlenderte er zurück in die Küche, aß von dem Brot, welches übriggeblieben war und holte sich eine Flasche Wein aus dem Weinkeller. Und während er so aß und den teuren Wein trank, den Viktor aus seinen Raubzügen mitgebracht hatte, merkte er nicht, dass sich langsam seine Fingernägel lösten und auf den Küchentisch fielen. Später, als er in der Waschküche stand und sich das Wasser über den Kopf goss, merkte er ebenfalls nicht, wie sich Haarbüschel aus seiner Kopfhaut lösten. Hätte er es bemerkt, wäre er wohl schleunigst zurück in den Garten gerannt und hätte die Kiste mitsamt dem Schwert wieder vergraben.

Begegnungen

„Wir sind ganz in der Nähe. Irgendwo hier muss es sein." Die Frau deutete mit dem Finger auf eine Lichtung. Viktor musste sich anstrengen, sie zu sehen. Es war stockfinster und er hatte alle Mühe, überhaupt den Weg zu erkennen, auf dem sie ritten. Das Mädchen allerdings hatte nicht das leiseste Anzeichen von Unsicherheit und ritt zielstrebig durch den Wald. *„Wenn sie sich hier auskennt, bin ich in Gefahr"*, dachte Viktor. *„Es ist gut möglich, dass sie mich in eine Falle gelockt hat."* Sie ritten auf die Lichtung zu und hielten an. Viktor sah in die Dunkelheit. Langsam stieg er vom Pferd und konzentrierte sich. Wenn es so war, dass die Hütte plötzlich aus dem Nichts auftauchte, musste er eine Veränderung wahrnehmen. Die Tiere würden sie vermutlich zuerst spüren, also hörte er in den Wald hinein, um die nächtlichen Geräusche wahrzunehmen. Er konzentrierte sich auf das Zirpen der Grillen und wartete darauf, dass es verstummte. Ebenso konzentrierte er sich auf die Pferde, um zu schauen, ob sich eine Veränderung an ihrem Verhalten bemerkbar machte. Aber nichts dergleichen geschah. „Das hier muss die Stelle gewesen sein", flüsterte das Mädchen. „Zumindest hier ganz in der Nähe." Er zündete eine Öllampe an und leuchtete zu ihr herüber. Im Schein sah er, wie ihr Zerfall weiter vorangeschritten war. Es fehlte ihr mittlerweile das rechte Auge. Aus dem Loch, wo ihr Auge gewesen war, krochen Würmer. „Überleg noch einmal", sagte er. „Ist das die richtige Stelle?" Dann drehte er sich wieder um und schaute in die Lichtung. Er beschloss, ein paar Schritte hineinzugehen, vielleicht erinnerte sie sich daran, wo genau es gewesen war. Und

dann sah er sie. So plötzlich, wie aus dem Nichts, stand
sie vor ihm. Er blieb abrupt stehen und starrte auf die
Holzhütte, die sich vor ihm auftat. „Siehst Du das?" rief
er ihr zu. Keine Antwort. Er drehte sich um, konnte das
Mädchen aber nicht ausfindig machen. Er ging ein paar
Schritte zurück in den Wald, in die Richtung, aus der sie
gekommen waren, konnte sie aber nirgends finden. Er
merkte, dass auch der Wald sich verändert hatte. Wo
einst der Weg gewesen war, auf dem sie langritten, war
jetzt dichter Wald. Es hatte keinen Zweck. Er war jetzt
hier bei der Hütte und musste das tun, wozu er
gekommen war. Er drehte wieder um und stand wieder
vor der Hütte. Er sah, dass aus den Fenstern, die das
Mädchen beschrieben hatte, ein schwaches Licht drang.
Langsam ging er auf die Hütte zu. „Viktor!" Eine
Stimme, direkt aus der Hütte rief nach ihm. Aber nicht
eine fremde Stimme, es war Miriams Stimme. Wie
konnte das sein, was war das für eine Hütte? Und wenn
er sie hörte, hörte sie ihn dann auch? Sah sie ihn
womöglich? War es jetzt so, dass sie zuhause in der
Küche stand, aus dem Fenster blickte und ihn, Viktor,
ihren Ehemann auf das eigene Haus zukommen sah?
„Viktor!" Wieder diese Stimme. Aber diesmal hatte sie
sich verändert. Sie klang nun irgendwie…hinterhältiger.
Bedrohlicher. „Nein", dachte er. „Du bist nicht Miriam".
Wenn er Miriam hier aus diesem verwunschenen Haus
hörte, konnte es nur eins bedeuten. Etwas, was in
diesem Haus wohnte, wollte ihn quälen. Irgendetwas,
wusste, dass Miriam seine Frau war und dass sie….*"tot
ist"*, schoss es ihm plötzlich durch den Kopf. Er hob die
Lampe und ging langsam auf die Hütte zu. Er konnte
durch die Fenster hindurch die roten Vorhänge sehen,
die überall im Raum hingen, so wie das Mädchen sie

beschrieben hatte. Nun stand er dicht vor der Hütte und
sah, dass sie eigentlich gar nicht schwarz war. Also sie
war schon schwarz aber nicht überall. Die Wände,
welche aus dicken Brettern bestanden, waren zwar
schwarz, aber es war eher so, als hätte jemand versucht,
die Hütte anzuzünden. Anscheinend haben damals
schon Inwalder von der Hütte gewusst, ebenso von
ihrer unheilvollen Wirkung auf die Stadt. Was Viktor
nicht verstand, war, dass diese Wirkung auf Inwald
beschränkt blieb. Jedenfalls zu dieser Zeit. Er ging
weiter auf die Hütte zu und stand nun direkt vor eines
der Fenster. Eine ganze Weile stand er da dann sah er
plötzlich einen Mann aus dem Vorhang kommen.
Viktor erschrak, hatte plötzlich Bedenken, dass man
seine Lampe sehen konnte und löschte sie schnell. Der
Mann aber schaute sich nur um, als wäre er leicht
verwirrt und verschwand in einen der anderen
Vorhänge, die im Raum waren. Viktor bemühte sich,
hinter den Vorhang zu schauen, als der Mann diesen zur
Seite schob, konnte aber nur weitere Vorhänge sehen.
Damit war Viktor klar, dass man ohne Probleme in die
Hütte kommen konnte, schließlich waren Menschen
dort drin, zumindest einer. Eine andere Frage war, ob
man wieder herauskam, aber darüber konnte er sich
später Gedanken machen. Er ging zur anderen Seite der
Hütte und hoffte, stirnseitig eine Tür zu finden.
Tatsächlich fand er eine. Es war eine schlichte, aus
Brettern hergerichtete Holztür, wo wie er es erwartet
hatte. Die Tür hatte allerdings keinen Türknauf, so dass
er versuchte, sie nach innen aufzudrücken. Nichts. Er
klopfte. Nichts tat sich. Er schlug fest mit der Faust
gegen das Holz und die Tür gab nach und öffnete sich.
„Sie war doch verschlossen", dachte Viktor. Er stieg

über die Schwelle und trat ein. Das erste, was er sah, war ein roter Vorhang. Und auch ansonsten war der Raum sehr schlicht gehalten. Ein heller Holzfußboden durchzog den ganzen Raum. Wie groß der Raum wirklich war, konnte man nicht genau sagen, da er durch den Vorhang abgetrennt schien und dahinter noch weiter verlaufen musste. Er sah sich eine Weile um, entdeckte nichts, was seine Aufmerksamkeit rechtfertigen würde und ging zu dem Vorhang. Der Vorhang war in einem dunklen rot gehalten. Muster, Abzeichen, oder sonstige Verzierungen, waren nicht zu sehen, einfach dunkles rot. Er streckte die Hand aus, berührte den Vorhang. Er schien aus einem dichten Stoff zu bestehen, vermutlich Seide. Er tastete sich am Vorhang entlang, um eine Öffnung zu suchen. Schließlich fand er sie. Er teilte langsam die zwei Hälften des Vorhangs und spähte hindurch. Er sah…nichts. Er trat hindurch und schaute sich um. Der Raum sah genauso aus, wie der Raum, aus dem er gerade gekommen war. Nur waren jetzt auf allen Seiten rote Vorhänge zu sehen. Ansonsten befand er sich auf dem gleichen kargen, hellen Fußboden und auch ansonsten war dieser Raum komplett leer. Nur dass dieser Raum jetzt viel größer war. Viktor vermutete, dass dies hier fast die Größe der Hütte ausmachte. Er schritt durch den Raum auf den Vorhang gegenüber zu und trat, ohne vorher durchzusehen, hindurch. Er war jetzt in einem Raum, der dem Raum, aus dem er gekommen war, bis aufs Haar ähnelte. Auch die Größe musste ungefähr, wenn nicht sogar, genau gleich sein. Was ihn allerdings merkwürdig vorkam, denn die beiden Räume zusammen, gemeinsam mit dem Raum, aus dem er gekommen war, passte überhaupt nicht zu der Dimension, die er von außen wahrgenommen hatte. Die Frage war daher, ob er sich überhaupt noch in der Hütte befand. Er vermutete schon, die andere Frage war also, was *war* diese Hütte. Er bemerkte eine Bewegung, seitlich von ihm und fuhr herum. Er sah eine Gestalt, die gerade durch den Vorhang verschwand. Der Stoff bewegte sich noch, Viktor konnte aber die Gestalt nicht erkennen. Er schritt hastig auf die Stelle zu, wo er die Gestalt verschwunden gesehen hatte, teilte den Vorhang hastig mit beiden Händen und trat hindurch. Er blieb wie angeschlagen stehen. Hinter diesem Vorhang war ein Raum mit einem Sofa. Seitlich brannte ein Kamin. Auf diesem Sofa saßen Leute, die Viktor nicht erkennen konnte, da sie zu weit weg waren. Langsam, ja fast vorsichtig ging er durch den Raum auf das Sofa zu. Dort erkannte er drei Menschen, die dort regungslos, ja fast starr saßen und ihn anschauten. Neben dem Sofa war ein Sessel. Dieser Sessel war leer. Als er näher heran ging, erkannte er die drei Gestalten, die auf dem Sofa saßen. Es waren sein Cousin Friedhelm, seine Tochter, sowie der Butler, der in jener Nacht ebenso sein Leben verloren hatte. Friedhelm fing an zu reden, allerdings in einer Sprache, die Viktor nicht verstand. Sie kam ihm zwar irgendwie vertraut vor, als hätte er sie schon einmal gehört, konnte aber nicht erahnen, was Friedhelm meinte. Friedhelm sprach ihn noch einmal an und deute mit seiner Hand auf den leeren Sessel. Viktor setzte sich und starrte die drei Gestalten an, die gar nicht hätten hier sein dürfen. Aber, verdammt nochmal, die ganze Hütte hier dürfte gar nicht sein. Sie war derartig abnormal, dass Viktor sich fragte, wo genau er sich denn nun befand und welches der zweck so einer Hütte war. Plötzlich sprach das

Mädchen zu ihm. Viktor verstand nichts. Sie sah ihn an und schien zu bemerken, dass Viktor nichts verstand. Daraufhin wiederholte sie ihre Worte. Viktor dachte, es wäre besser, erst einmal abzuwarten, solange er dieses Spiel nicht durchschaute, war es besser, nicht zu reagieren, oder zu antworten. Eine ganze Weile saßen sie da und irgendwann stand das Mädchen auf und flüsterte ihrem Vater etwas ins Ohr. Dieser nickte nur und schwieg weiter. Das Mädchen ging auf Viktor zu, beugte sich über seine Schulter und flüsterte ihm etwas ins Ohr. Und diese Worte verstand Viktor. *„Du hast mich ermordet."* Dann erhob sie sich wieder und setzte sich wieder auf den Platz neben ihrem Vater. Viktor begriff, dass die Leute, die er sah, in einer anderen Welt lebten, oder besser gesagt, existierten. Diese Welt war der Unseren vermutlich ähnlich, aber sie war dennoch eine andere. Daher kam ihm die Sprache dieser Leute auch irgendwie bekannt vor, konnte sie aber dennoch nicht verstehen. Er sah, dass er weitergehen musste, um mehr zu erfahren. Dieser Raum war vermutlich nicht das Zentrum der Hütte, vielleicht handelte es sich um eine Art Zwischenstation, oder Wartehalle. Also stand er auf, ohne dabei die Leute aus den Augen zu lassen. Diese sahen gelangweilt zu ihm auf, ignorierten ihn aber. Er ging langsam auf den Vorhang zu, aus dem er hereingekommen war. Kurz bevor er jedoch hindurchsteigen konnte, sah er, wie er von der anderen Seite des Raumes bewegt wurde. Jemand wollte in diesen Raum hinein. Er ging einen Schritt zur Seite und die Person stand plötzlich vor ihm. Es war Miriam. Sie sah ihn an, blieb stehen und lächelte ihn an. Eine tiefe Trauer umfasste plötzlich Viktor sein Herz. „Meine Frau", sagte er zu ihr. „Was tust Du hier?" Sie erwiderte nichts, lächelte ihn an und ging auf das Sofa zu, wo die anderen Gestalten saßen. Viktor ging weiter, durch den Vorhang hindurch und was er sah, erfüllte ihn mit Schrecken. Er sah sich selbst, beziehungsweise ein Abbild von ihm. Dieser zweite Viktor stand in einem Raum, der ähnlich dem war, aus dem er hereingekommen war, nur größer. Auch dieser Raum war mit einem hellen Holzboden ausgestattet und mit roten Vorhängen versehen, die bis zum Boden reichten. Der zweite Viktor stand inmitten des Raumes und starrte ihn an. Langsam ging Viktor auf sein Ebenbild zu. „Was soll das hier alles?" fragte er zögernd. Sein Ebenbild antwortete prompt. „Schön, dass Du hier bist. Ich habe auf Dich gewartet."

Zerfall

Brutus wachte am nächsten Tag auf, als die Sonne schon senkrecht am Himmel stand. Er hatte länger geschlafen, als er beabsichtigte, viel zu lange. Er hatte wichtige Sachen zu erledigen, aber offenbar war das Schaufeln doch stärker an seine Substanz gegangen, als er es wahrhaben wollte. Er schlug die Bettdecke zur Seite und erschrak. An seinen Fingern fehlten sämtliche Fingernägel und die Fingerkuppen waren eitrig und geschwollen. Es sah aus, als hätte er sich eine üble Infektion zugezogen. *„Hab ich mich derartig überarbeitet gestern"* fragte er sich schaudernd und von dem Anblick seiner Hände angewidert. Als er seine Beine aus dem Bett schwang, sah er, dass seine Füße sich ebenfalls verändert hatten. Die Zehen waren verkümmert und die Nägel waren viel zu lang und bogen sich in einer unnatürlichen Weise nach oben, so als er hätte er jahrelang seine Körperpflege vernachlässigt. *„Wenigstens sind sie nicht abgefallen"*, dachte er. Er stand auf und ging ins Badezimmer. Laufen konnte er, wie immer. Auch spürte er weder Schmerzen noch ein Unwohlsein. Trotzdem passierte etwas mit ihm *„Es ist das Schwert"*, dachte er. *„Diese verfluchten Thyr haben das Schwert verhext, oder was auch immer damit angestellt. Ich hätte es in Ruhe lassen sollen, als ich es gefunden habe."* Aber insgeheim wusste, er hätte, selbst wenn er wusste, dass das Schwert verkommen war, nie in Ruhe gelassen. Viel zu unstillbar war seine Gier, seine Mordlust, sein Verlangen, etwas aus einem Leben zu machen, sollte es auch seinen frühen Tod bedeuten. Er stand im Badezimmer und schaute in den Spiegel. Sein Gesicht war unverändert, eigentlich war er ein schöner Mann. Er hatte ein wohlgeformtes, glattes und schneidiges Gesicht. Viele Menschen, die er kannte, hatten ihm das schon bestätigt. Und dennoch hatte sich etwas verändert. Die Haare waren ausgefallen und an einigen Stellen auf seinem Kopf, wo einst die Haare gewesen waren, bildeten sich eine Art Wucherungen. Es sah aus, als ob kleine Geschwüre durch die Kopfhaut nach außen durchdringen wollten. Er trat näher an den Spiegel heran und bemerkte kleine weiße Punkte auf seinem Gesicht. Als er mit dem Finger diese berührte, platzen sie auf und eine gelbe Flüssigkeit schoss in einem dünnen Strahl gegen den Spiegel. „Mein Gott, ich sterbe", dachte Brutus bei sich. „Aber wenn er sterben würde, würde es ihm dann nicht schlecht ergehen? Würde er nicht im Bett liegen, jammern und sich vor Schmerzen winden, zumindest in der Gewissheit sich verlieren, dass es nun zu Ende geht? Das war allerdings nicht der Fall. Ungeachtet der körperlichen

Veränderung fühlte er sich fit wie ein Fisch im Wasser.
Ja, mehr sogar noch. Er fühlte sich fast unsterblich.
„Vielleicht werde ich ein Wiedergänger", dachte Brutus
und musste dabei lächeln. Der Gedanke amüsierte ihn.
Im Grunde war er schon immer einer gewesen. Und auf
einmal kam ihm eine Idee. Er könnte sich die
Geschwüre auf seinem Kopf mit den Sklavenperücken
überdecken, das wäre kein Problem. Die anderen
Veränderungen würden nach und nach sichtbar werden
und irgendwann würde man ihn einsperren und
vermutlich als Monster hinrichten lassen. Also müsste
er es darauf ankommen lassen. Er hatte gar keine andere
Wahl. Er musste in das alte Gebiet der Thyr reiten und
dort versuchen, Hilfe zu bekommen, bevor er seinen
Dienst wieder für das Heilige Reich aufnahm. Das
Problem war, das Ewald nach ihm suchen lassen würde,
sollte er sich nicht bei ihm melden. Spätestens morgen
würde Ewald sich Sorgen machen und einen seiner
Häscher losschicken, um zu sehen, ob Brutus auch
seinen Auftrag ausgeführt hatte. Vielleicht auch schon
heute Abend. Also was war zu tun, Brutus überlegte
fieberhaft. Dann fiel es ihm ein. Das Einfachste war es,
die Dunkelheit abzuwarten, hoffen, dass Ewald seine
Schergen nicht auftauchten und dann nach Thyr zu
verschwinden. Sollten Ewalds Häscher doch frühzeitig
auftauchen, würde er sie mit der neuen Waffe mühelos
töten können. Zwar würde ein erneutes Anfassen dieses
seltsamen Gegenstandes seinen Zerfall nur noch weiter
beschleunigen, so zumindest seine Vermutung, aber
viel Wahlfreiheit blieb ihm nicht. Er schaute noch
einmal in den Spiegel. Dort, wo seine Haare gewesen
waren und sich erste Anzeichen von Geschwüre
bildeten, kamen jetzt eine Art Tentakel zum Vorschein.

„Mein Gott, ich hätte nicht gedacht, dass das alles so schnell geht", dachte Brutus, entsetzt und fasziniert zugleich. Auch seine Hände veränderten sich weiter. Die Finger schienen länger geworden zu sein, nein, sie schienen nicht nur, sie waren tatsächlich länger geworden. Und dünner, es war, als würde er sich in eine Art Qualle verwandeln, eine Art menschliche, wandelnde Tentakel. Brutus zog sich hastig an, ging in die Küche, um sich etwas Essbares aus der Räucherkammer zu holen. Er nahm etwas von dem Brot und dem Schinken und steckte sich ein großes Stück davon in den Mund. Lustlos kaute er darauf herum, es schmeckte überhaupt nicht. Als wenn mit Einhergehen der Mutation auch seine Geschmacksnerven sich veränderten. Er nahm den Krug Wein, der noch auf der Kommode stand, hielt den Krug an den Mund und trank, bis ihm die Luft wegblieb und er absetzen musste. Es schmeckte scheußlich. Er würgte, hielt sich an der Kommode fest und erbrach sich mitten in der Küche. Aber Herrgott noch mal, er musste zumindest etwas trinken. „Vielleicht vertrage ich ja Wasser", dachte er grimmig und stolperte, nachdem sich sein Magen einigermaßen beruhigt hatte, zur andren Seite der Küche, nahm den Wasserkrug und hielt ihn sich an den Mund. Er nahm nur einen kleinen Schluck, da er Angst hatte, sich wieder übergeben zu müssen. Aber nichts dergleichen geschah. Als er merkte, dass er das Wasser vertrug, nahm er große, hastige Schlucke. Als er absetzte, fühlte er sich besser und die Lebenskraft, die er das erste Mal, wo er das Schwert berührt hatte, fühlte, kehrte langsam wieder zurück in seine Glieder. Er beschloss, in den Garten zu gehen, damit er einmal sich das Grab anschauen konnte. Am hellen Tag war es doch etwas

Anderes und er wollte kein Risiko eingehen, dass er mitunter verräterische Spuren hinterlassen hatte. So ging er nach draußen und zuckte plötzlich vor Schmerz zusammen. Mit einem Mal fing seine Kopfhaut an zu brennen, seine Hände und Oberarme fingen an zu jucken und er fing an, sich zu kratzen, schrie den Himmel an und hielt sich die Hände auf den Kopf, als wenn er sich vor der Sonne schützen musste. Er sank auf die Knie, jammerte noch immer und schrie, der Schmerz möge aufhören, aber er hörte nicht auf. Aber nicht nur das. Zusätzlich zu dem unerträglichen, brennendem Jucken vernahm er, weit unter den Schmerzen, die in seinem Kopf pulsierten, ein höhnisches Gelächter. Es war, als verspottete der Himmel ihn, als wäre er zum Spielball des Universums geworden, welches sich nun in selbstgefälligem Grinsen an seinem Schicksal weitete. „Aufhören!" schrie er. „Aufhören! Verfluchte Inzucht! Lasst mich in Ruhe!" Er stolperte zurück in das Haus und fiel der Länge nach in den Flur und blieb dort wimmernd liegen. Langsam ließ der Schmerz in seinem Kopf nach, das Gelächter hörte sich nun so an, als würde es sich langsam beruhigen, als wenn den Lachern langsam der Spaß ausgehen würde. Auch das Brennen auf den Armen ließ nach und er drehte sich schwerfällig auf den Rücken und beruhigte sich langsam. Was war passiert? Vertrug er das Sonnenlicht nicht? Den Legenden nach, lebten die Thyr unter der Erde, was dieses Phänomen logisch erscheinen ließ. *„Sie leben unter der Erde, weil sie das Sonnenlicht nicht vertragen, genau wie ich"*, dachte Brutus. Langsam setzte er sich auf, auf seinen Armen hatten sich Blasen gebildet, die aussahen, als hätte er zu dicht am Feuer gestanden und sich verbrannt. Jetzt lächelte er wieder, er würde tatsächlich zu einer Art Vampir werden. Die alte Gier stieg wieder in ihm auf. Sollten die elendigen Frauen es noch einmal wagen, ihn abfällig zu behandeln? Er war sich sicher, dass würde so schnell nicht wieder passieren.

Zur gleichen Zeit etwa, ritten zwei Söldner die Straße entlang, auf das Haus des Ritters zu. Sie waren von Ewald beauftragt worden, den hinterhältigen Diener, so wie sich Ewald ausdrückte, festzusetzen und zu ihrem Herrn zu bringen. Sollte Brutus sich als widerspenstig erweisen und sich weigern, mitzukommen, wären drastische Maßnahmen durchaus erwünscht. Ewald hatte bewusst diese beiden Söldner angeheuert. Sie standen ihm als Sohn seines verstorbenen Vaters bedingungslos zur Verfügung und Ewald konnte sich auf ihre Loyalität, sowie auf ihre kaltblütige Grausamkeit immer verlassen. So ritten die beiden Männer nebeneinander her und mussten langsam reiten, damit sie sich unterhalten konnten. Die Themen waren, wie meistens bei ihnen, familiärerer Natur. Oft reichte der Sold nicht, den Ewald ihnen zahlte, um die Familie zu ernähren, so waren sie gezwungen, Aufträge von anderen Großgrundbesitzern anzunehmen, um sich über Wasser zu halten. „Hätte ich mal auf meinen Alten gehört und wäre gleich in den Dienst des Königs gegangen", sagte der eine von ihnen. Der Andere stimmte zu, wobei beide wussten, dass der König noch schlechter bezahlte. Das Heilige Reich umgab sich offiziell nicht mit Söldnern und Raubrittern, was die Auftragslage nicht unbedingt verbessert hätte. So ritten sie mürrisch und unzufrieden über ihre eigene Lage, gerade in finanzieller Hinsicht, auf das Haus des Ritters zu. „Der Viktor ist ein anständiger Kerl", sagte einer von ihnen irgendwann. „Ich habe ihn ein paar Mal auf dem Marktplatz getroffen, als einige Gefangene hingerichtet wurden. Er ist noch einer vom alten Schlag, immer anständig zu seinen Leuten. Ich habe damals für ihn gearbeitet, er hat sofort, ohne zu murren, bezahlt. Es gab sogar einen Vorschuss und den Rest nach Erledigung". „Das kann ich mir vorstellen", meinte daraufhin der Andere. „Seine Frau vor allem, die ist besonders anständig." Daraufhin brachen beide in Gelächter aus und lachten noch, als sie schon eine ganze Weile geritten waren. „Da vorne ist es ja", sprach der Eine, als sie schon fast vor dem Haus angekommen waren und schon das Dach sehen konnten, unter dem sich das Arbeitszimmer von Viktor befand. Sie ritten nun schneller, hielten kurz vor dem Haus an und standen so nun eine Weile. „Dieser Diener, dieser Brutus, so heißt er glaube ich, ist ein ganz widerwärtiger Dreckskerl. Er hat einmal meine Frau auf dem Marktplatz angefasst und irgendetwas Unverschämtes zu ihr gesagt. Wäre er nicht der Diener von Viktor, ich hätte ihn an seinem Schwanz festgebunden und hinter mir hergezogen, während ich durch die Stadt geritten wäre. Was ist das nur für eine Welt, in der so ein Schwachkopf die Frau eines Soldaten beleidigen kann, ohne sich dafür zur Rechenschaft ziehen lassen zu müssen?" „Früher war eh alles irgendwie besser", meinte der Andere daraufhin und stieg von seinem Pferd ab. „Aber vielleicht hast Du ja gleich die Gelegenheit, Deiner Frau Genüge zu tun. Ich wünsche es Dir jedenfalls." Der erste stieg daraufhin auch vom Pferd ab. Die letzten Worte seines Gefährten berührten ihn. Sie ritten nun schon einige Jahre zusammen, konnten sich aufeinander verlassen und er merkte, dass sein Mitstreiter nicht nur sein

Kampfgefährte war, sondern auch sein Freund. Das wurde ihm jedes Mal, wenn es um persönliche Sachen ging, bewusst. Die Sache mit dem Diener hatte ihn wirklich tief getroffen, noch mehr die Tatsache, dass diese Missgeburt von einem Diener sich hinter Viktor verstecken konnte und mit Viktor wollte man sich in der Regel nicht anlegen. Und sein Mitstreiter hatte dafür Verständnis. Er wünschte sich sogar, dass er die Sache heute zu Ende bringen konnte. Das war Kameradschaft, das war Freundschaft. Aber jetzt würden sie diesen Hund von Diener zu Ewald bringen, das war wichtig. Würden sie ihn töten, wäre das nicht klug, dann würden sie keinen Lohn bekommen, der Auftrag war nämlich, ihn lebend bei Ewald abzuliefern. Durchaus mit roher Gewalt, aber lebend. Vielleicht würden sie sich noch mit Viktor seiner Frau amüsieren, Viktor war nun in Inwald, wie man sich erzählte und es war unwahrscheinlich dass er dort jemals wiederkehrte. Vermutlich hat der schwarze Tod ihn mittlerweile heimgesucht, wie die anderen armen Menschen dort auch. Also konnte es nicht schaden, sich mit seiner Frau zu vergnügen, ob sie wollte oder nicht. So machten sie es immer und er sah keinen Grund, es diesmal anders zu machen. „Vielleicht sollten wir einmal um das Haus schauen. Wenn dieser Brutus im Garten sitzt, schleifen wir ihn gleich zu den Pferden, ohne dass Viktors Frau Theater machen kann." „Ich hätte aber noch gerne Theater gemacht, mit der Frau", antwortete der Andere, sichtlich endtäuscht, dass sein Partner bei der „Belohnung", so wie sie es manchmal nannten, nicht mitzumachen beabsichtigte. Sein Partner schien die Endtäuschung in seiner Stimme bemerkt zu haben. „Wir schauen mal, wie es läuft, dann entschieden wir." Sie gingen um das Haus herum und standen schließlich im Garten auf einer Veranda. Hier war gegraben worden, das konnten sie deutlich sehen. Neben der Veranda war ein, so schien es, Loch gegraben worden, welches einen Durchmesser von ungefähr drei Meter hatte. Die Erde war noch frisch und es sah so aus, als hätte derjenige es eilig gehabt, die Erde war nicht gleichmäßig wieder dem Boden angeglichen worden, sondern achtlos angehäuft worden, als hätte derjenige keinen Wert auf Ordnung gelegt. „In Ordnung, hier ist niemand. Lass uns ins Haus gehen. Ich kümmere mich um den Diener, kümmere Du Dich um die Frau", sprach der Eine. Sie sahen sich beide an und lächelten. Sie gingen komplett um das Haus herum und befanden sich dann wieder vor der Haustür. Sie klopften. Nichts geschah. Einer von ihnen drückte den Türknauf herunter, jedoch ließ sich die Tür nicht öffnen. Die beiden Männer schauten sich kurz an, dann nickte einer von ihnen. Sie gingen ein paar Schritte zurück und warfen sich mit ihrem gesamten Gewicht gegen die Tür. Sie hörten, wie die Scharniere ächzten und schließlich nachgaben. Die Tür war jetzt oben aus den Angeln gehebelt, so dass sie diese weiter mühelos aufdrücken konnten und seitlich an der Tür vorbei ins Innere des Hauses gelangten. Sie blieben kurz stehen und ihre Augen mussten sich an die Dunkelheit gewöhnen. Langsam gingen sie durch den Flur und schauten sich um. Einer von ihnen schaute in die Küche, während der Andere ins Wohnzimmer schaute. Überall im Haus waren die Vorhänge zugezogen, auch brannten keine Kerzen, so dass sie die Vorhänge aufreißen mussten, um besser sehen zu können. Beide Männer begegneten sich auf dem Flur wieder. „Verstehe ich nicht", murmelte einer von Ihnen. „Es ist hier stockdunkel, als wenn hier keiner mehr wohnen würde." „Hier muss aber noch jemand sein, die Küche wurde gerade benutzt. Der Weinkrug ist noch angebrochen und Brot steht auf dem Essenstisch. Außerdem hat jemand sich auf dem Boden erbrochen, so wie es aussieht. Was ist hier nur los? Lass uns nach oben gehen und nachschauen." Beide Männer gingen nacheinander die Treppe hinauf. Als sie oben angekommen waren, bemerkten sie, dass auch im Schlafzimmer, sowie in Viktors Arbeitszimmer die Vorhänge zugezogen waren, so dass kein Lichtstrahl hineindringen konnte. Als sie begannen, die Vorhänge aufzuziehen, hörten sie einen Schrei. Beide Männer fuhren herum, zogen ihre Schwerter aus den Scheiden und schauten sich hastig um. „Was war das? Ein Tier?" „Keine Ahnung, auf jeden Fall ist noch jemand hier. Wir sollten sehr vorsichtig sein. Irgendwer scheint seine Spielchen mit uns zu spielen. Es kann gut sein, dass dieser Brutus vorgewarnt worden ist." Also gingen sie vom Schlafzimmer aus zurück ins Arbeitszimmer, schauten in alle Ecken und Winkel, schauten sogar unter dem Schreibtisch nach, ob sich dort jemand versteckt haben könnte. Als sie gerade das Arbeitszimmer wieder verließen, hörten sie einen weiteren schrei. Es klang, als hätte jemand Schmerzen, die er nicht aushalten würde und das Schreien ihm Linderung verschaffen könnte. „Hier muss noch ein Raum sein", meinte einer von ihnen. „Sicherlich gibt es auch einen Dachboden. Die Frage ist, ob wir von hier aus hineinkommen, oder ob es noch einen weiteren Zugang gibt". Und während sich beide Männer umsahen, näherte sich von hinten eine Gestalt, die auf die beiden Männer zwar langsam, aber zielstrebig zuging. Die beiden fuhren herum und fingen an, nun selber zu schreien.

Unterhaltung

Viktor starrte in das Gesicht seines Ebenbildes. Es war tatsächlich sein Gesicht, nur das dieses Gesicht vom schwarzen Tod gekennzeichnet war. Zwar längst nicht so schlimm, wie bei den anderen Männern, die er in der Wirtschaft getroffen hatte, aber Viktor konnte ihm ansehen, dass sein Gegenüber ein schmerzlicher Tod bevorstand. Oder vielleicht sogar ihm selbst? War das möglich? Wenn er hier war und doch sich selbst gegenüberstand, konnte er sogar selbst mit dem schwarzen Tod infiziert sein, ohne dass es ihm bewusst war. „Schön, dass Du hier bist", sprach der zweite Viktor plötzlich. „Komm, setzen wir uns. Wir haben einiges zu bereden." Der Doppelgänger ging durch den Vorhang und Viktor folgte ihm Sie gelangten wieder in das Zimmer mit dem Kamin, wo die drei Personen auf dem Sofa saßen. Mittlerweile waren es vier Personen, da Viktors Frau ebenfalls anwesend war. Sie zu sehen, schmerzte Viktor, aber er musste sich jetzt auf seinen Auftrag konzentrieren. Er war nahe dran, die Wahrheit herauszufinden, er spürte es. Er wusste es. Die Personen standen auf, als ob sie Platz machen würden. Viktors Doppelgänger deutete auf das Sofa und er nahm Platz. Viktor bemerkte, dass mittlerweile eine weitere Person in das Zimmer gekommen war. Es war das Mädchen, mit der er hergekommen war. Sie ging zum Kamin, schmiss Holzscheite in das Feuer und stand eine Weile nur da. „Wo bist Du gewesen, verdammt!" rief Viktor ihr zu. Sie sah ihn an, sagte etwas, allerdings konnte Viktor die Worte nicht verstehen. Es waren merkwürdige Laute, die sie von sich gab. Sie waren menschlich, jedoch klangen sie geschwollen. Viktor hatte noch nie so eine Sprache gehört und bezweifelte, dass es überhaupt eine Sprache war. Friedhelm und die anderen Personen, die sich ebenfalls im Raum aufhielten, nickten zustimmend und standen ebenfalls im Raum herum. Das Mädchen jedenfalls ging durch den Raum zurück und verschwand hinter einen dieser Vorhänge. „Also, was ist hier los?" fragte er seinen Doppelgänger. „Was zum Teufel ist diese Hütte hier, wo genau bin ich hier?" Sein Doppelgänger sah ihn einen Augenblick an, dann antwortete er. „Ich glaube nicht, dass Du das jetzt schon begreifen würdest. Wichtig ist für Dich zu wissen, dass Du bereits tot bist." Viktor sah sein Gegenüber erstaunt an. „Was soll das? Wäre ich tot, kann ich ja schlecht hier sein. Ich gebe zu, dass diese Hütte hier beeindruckend ist, jedoch scheinst Du mir ein Scherzbold zu sein. Und ich möchte Dich warnen, dass mir solche Scherze nicht unbedingt die Liebsten sind. Also versuch es noch einmal, ohne Scherz. In Deinem eigenen Interesse." Der zweite Viktor winkte lässig ab, als hätte er die Warnung gar nicht ernst genommen. „Ich gebe zu", fuhr er fort, „dass das tatsächlich ein Wenig viel für Dich ist. Aber lass Dich nicht entmutigen, ich versuche, Dir alles, so gut ich kann, zu erklären. Natürlich weiß auch ich längst nicht alles, aber ich werde mir Mühe geben, versprochen." Der Doppelgänger grinste Viktor höhnisch an und Viktor verspürte Lust, seinen Doppelgänger zu töten, alleine schon deswegen, weil dieses Grinsen, dieses feiste Grinsen, welches sein Doppelgänger an den Tag legte, sein Eigenes war. „Bei Gott, hör auf zu grinsen", befahl Viktor seinem Ebenbild. „Stell Dir vor", fing dieser irgendwann an, „dass es so etwas wie einen Gott gar nicht gibt. Du gehst in Deiner beschränkten Weltansicht davon aus, dass es irgendwo einen Schöpfer gibt, Du nennst ihn in diesem Fall Jesus, Gott, oder wie auch immer, der alles erschaffen hat und mit dem alles Leben auch wieder dorthin zurückkehrt." „Machst Du Dich jetzt lustig über mich? Ich sagte doch, dass ich derartige Witze nicht gut leiden kann!" fuhr Viktor ihn an. „Keineswegs", sprach sein Doppelgänger mit ruhiger Stimme weiter. „Ich nehme Dir Deine beschränkte Weltansicht nicht übel und wie gesagt, es ist gut möglich, dass Du nicht alles verstehst. Ich selbst verstehe ja kaum etwas von dem Ganzen. Also, wenn ein Gott Dich erschaffen hat, müsstest Du automatisch, mit Ablauf Deiner Lebenszeit zu ihm zurückkehren. Das wäre logisch, richtig? Das setzt allerdings voraus, dass Du etwas in Deinem Inneren besitzt, was man allgemein eine Seele nennt. Besitzt Du eine? Ich weiß es nicht, ich weiß nicht einmal, ob ich selbst eine besitze. Aber davon abgesehen, selbst wenn dem so wäre, müsste noch eine andere Voraussetzung erfüllt sein, um zu Gott zu gelangen. Und das ist Gott selbst. Beziehungsweise, der Ort, an dem sich Gott aufhält. Jetzt könntest Du sagen, Gott wäre im Himmel, so predigt es schließlich auch die Kirche. In Ordnung, aber wo ist der Himmel? Wenn ich Dir sage, dass es den Himmel gar nicht gibt, sondern dass über den Wolken, welche Du von unten aus erkennen kannst, die Welt, die irdische Welt weiterverläuft? Stell Dir vor, die Sterne, die Du nachts siehst, sind kein starres Dach, wie Du es Dir vorstellst, sondern verlaufen rund um unseren Planeten, welcher irgendwann Erde genannt wird, im Kreis herum. Und diese Sterne sind wiederum Teil von etwas, was rundherum um andere Sterne verläuft. Und wenn ich Dir denn noch sage, dass das Ganze Gebilde auch noch in Bewegung ist? Und stell Dir vor, dass es kein Ende gibt und je weiter Du hinaus gelangst, sofern Du es könntest, versteht sich, desto weiter würdest Du in Wirklichkeit in die Vergangenheit reisen, also zum Mittelpunkt der Welt. Du würdest also kein Ende finden, in Deiner Welt, Du würdest Dich im Kreis bewegen und am Ende wieder bei dir selbst ankommen. Und genauso ist es übrigens auch im Kleinen. In ungefähr vierhundert Jahren, vielleicht werden es fünfhundert sein, ich will mich da nicht festlegen, werden die Menschen Werkzeuge entwickeln, die sie in die Tiefe gucken lassen, also die kleine Sachen vergrößern können. Klingt jetzt unglaublich, aber nimm es erstmal so hin. Sie werden denken, dass das sogenannte Atom das kleinste Teil der Welt ist. Das denken sie aber nur solange, bis sie ein noch kleineres Teil gefunden haben. Dann denken sie wieder eine ganze Zeit, das kleinste der Welt gefunden zu haben, bis sie ein Werkzeug gebaut haben, welches sie noch tiefer gucken lässt und sie noch ein kleineres Teil finden werden. Und so geht das immer so weiter. Wenn Du, oder irgendjemand also meint, Gott würde am Ende der Reise stehen und auf einen warten, so glaubt, oder hofft er das, weil er keine Ahnung hat, was ihn am Ende der Reise erwartet. Weil er nicht hinter den Vorhang schauen kann. Du hast bereits hinter den Vorhang geschaut, Viktor. Du bist sogar hindurchgegangen." „Die roten Vorhänge", murmelte Viktor. „Sie sind so eine Art Übergang, vom Leben zum Tod, richtig?" „Es kommt der Sache schon ziemlich nahe", meinte sein Doppelgänger. „Aber lass mich noch kurz etwas ausführen. Stell Dir also vor, dass es Deinen Himmel, also dass, was Du als Himmel bezeichnest, nicht gibt, gar nicht geben kann, weil die

Welt, in der wir uns befinden, unendlich ist. Sie ist nicht nur unendlich, sie bewegt sich dazu noch. Und jetzt kommen die kleinen Teilchen dazu. Und jedes einzelne kleine Teilchen, dass in hunderten von Jahren entdeckt wird, hat für einen Menschen, auf die richtige Größe gebracht versteht sich, ungefähr den gleichen Abstand, wie von der Erde bis zum nächsten Planeten. Das könnte bedeuten, also rein angenommen versteht sich, dass es für einen Menschen, der auf die richtige Größe gebracht wird, keinen Unterschied machen würde, ob er hier auf der Erde lebt, oder in einem kleinen Teilchen, innerhalb eines Atoms. Das bedeutet, wenn man diesen Gedanken jetzt weiterverfolgen würde, dass man eine ganze Welt auslöschen würde, wenn man zum Beispiel einen Eimer Wasser auf den Rasen auskippen würde. Für die Welt, die innerhalb des Atoms existiert, also eine von diesen vielen Milliarden Welten, da es unzählige Kleinstteilchen gibt, stürzt gerade ein Staudamm ein und ertränkt gerade eine ganze Stadt. Irgendwo auf einer anderen Größe, in einer anderen Zeiteinheit. Stell Dir vor, es gibt Milliarden von Welten, in jedem Sandkorn, welches Du unter Deinen Füßen begräbst, in jedem Windhauch, den Du einatmest, in jeder Frucht, die Du isst. Und andersherum, während hier Millionen von Jahren vergehen und die Erde stirbt, sind auf einer höheren Ebene vielleicht gerade mal drei Minuten vergangen, die irgendjemand gebraucht hat, um über den Rasen zu laufen und einen Grashalm umzuknicken, auf den er gerade getreten ist. Und mit uns gehen eine Vielzahl von Welten ebenfalls zugrunde, nur, weil einer über einen Grashalm gelaufen ist und diesen dabei umgeknickt hat. Kannst Du mir ein Wenig folgen bisher?" „So ein Unsinn", krächzte Viktor hervor. Er verstand nur Wenig von dem, was sein Doppelgänger ihm dort versuchte, zu erklären. Sein Verstand besaß so eine geringe Vorstellungskraft, dass er nur in der Lage war, gebannt zuzuhören, ohne das Ganze jedoch zu nahe an sich heranzulassen. Er wusste, dass er das nicht tun durfte. Was immer sein Gegenüber ihm versuchte zu vermitteln, er musste dazu eine Distanz wahren. Zu groß war die Gefahr, in einen dunklen Sog hineinzugeraten, aus dem er sich nicht wieder befreien konnte. „Ach tatsächlich?" fragte ihn sein Gegenüber. „Wenn Du anfängst, von dieser Stelle loszulaufen, könntest Du Dir vorstellen, genau an diesen Punkt wieder anzukommen? Vorausgesetzt, Du kommst nicht vom Weg ab und würdest immer einer Linie folgen. Und wenn Du Dir das vorstellen kannst, dann ist es doch auch möglich, dass die Welt ebenso rund ist? Die ganze Welt, mit seinen Sternen und ganzen Milliarden anderen Himmelskörpern? Und wenn dem so ist, dann kannst Du Dir auch vorstellen, dass alles, was Du erlebst, eine Laune der Natur ist. Ebenso die merkwürdige Krankheit, auf deren Suche Du bist." „Was hat das alles mit dem schwarzen Tod auf sich?" wollte Viktor wissen. „Ganz einfach, es ist sogar so einfach, dass Du vermutlich selber darauf gekommen wärst. Den schwarzen Tod, so wie Du ihn nennst, gibt es nicht. Es ist alles eine Laune der Natur, genau wie Du und ich, oder wie diese Hütte, welche Dir so merkwürdig vorkommt. Abgesehen davon, sind diese Räume nicht viel zu groß? Müssten sie nicht viel kleiner sein, wenn man sich die Hütte von außen anschaut?" Er zwinkerte Viktor vergnügt zu und fuhr dann, mittlerweile gut gelaunt fort. „Ich kann nur soviel sagen, irgendwann werden die Menschen ein, wie soll ich mich ausdrücken, ein Mittel gefunden haben, womit sie diesen sogenannten schwarzen Tod, nun ja, nicht unbedingt besiegen, aber für eine ganze Weile unschädlich machen. Das Ganze nennen sie dann Medizin. Natürlich wird es nicht lange dauern und der schwarze Tod, wenn Du ihn so nennen willst, wird wiederkommen. Warum? Weil das Leben rund ist. Die Welt dreht sich, alles bleibt in Bewegung, nichts vergeht." Viktor begriff immer noch nicht, aber etwas in ihm, etwas, vor dass er sich fürchtete, drang zu ihm durch. „Was ist meine Rolle hier?" fragte er schließlich. „Ich dachte, dass wüsstest Du bereits", sagte der Doppelgänger mit erstaunter Miene. Deine Rolle ist ganz einfach. Du bist hier, um hierzubleiben".

Vermächtnis

Die beiden Schergen fuhren herum, als sie hinter sich ein Geräusch hörten. Sie blickten auf ein Wesen, was einmal ein Mensch gewesen war. Dieses Wesen stand nun vor ihnen und gab unverständliche Laute von sich. Der Eine von ihnen sah, dass es sich durchaus um den Diener handeln könnte, es war aber einfach zu schwer zu erkennen. Der Kopf des Wesens war merkwürdig aufgedunsen, als wäre er mit Luft aufgepumpt worden. Dort, wo einst die Haare gewesen waren, waren lange, zuckende Tentakel, welche sich auf dem Kopf hin und her bewegten, als wären sie lebendig. Die Hände des Wesens waren lang, viel zu lang. Sie schienen sich ebenfalls in Tentakel zu verwandeln und diese Tentakel ragten gierig zu den beiden Schergen, welche entsetzt auf das Wesen blickten, welches nun röchelnd und blubbernd vor ihnen stand. Das Schlimmste an dem Wesen waren allerdings die Augen. Sie waren schwarz, wie die Augen eines Reptils. Nichts Menschliches war mehr in ihnen zu sehen. Die beiden Männer hoben ihre Schwerter und gingen langsam auf das Wesen zu, bereit, es zu töten, sollte es erforderlich sein. Plötzlich stießen die Hände des Wesens nach vorne und ergriffen die Arme des ersten Mannes, welcher dichter an den dem Ungeheuer stand. Die tentakelähnlichen Finger schlossen sich um das Handgelenk des Mannes, welcher panisch aufschrie und das Schwert fallenließ. Als hätte das Wesen übermenschliche Kräfte, schleuderte es den Mann quer durch den Raum. Dieser krachte gegen die Wand und blieb stöhnend liegen. Der zweite Scherge hatte sich von dem Schrecken bereits erholt und stürmte nun, das Schwert im Anschlag auf das Wesen zu, bereit, ihm den Todesstoß zu versetzen. Die langen Gebilde, welches einmal Finger gewesen waren, schossen wieder nach vorne und stachen dem Mann durch die Augen. Er schrie auf, ließ das Schwert fallen und versuchte mit beiden Händen, die Tentakel aus seinen Augen zu ziehen. Es gelang ihm nicht. Das Wesen ließ die Tentakel immer tiefer in die Augen des Mannes gleiten, welcher nun zuckend auf dem Boden lag. Auf einmal hörte er auf zu schreien und blieb regungslos liegen. Langsam drehte sich das Wesen um und ging auf den zweiten Mann zu, der sich noch schmererfüllt am Boden windete. Der Mann sah das Wesen auf ihn zukommen, es sah ihn eiskalt und plötzlich hörte er eine Stimme in seinem Kopf. *„Wolltet Ihr mich etwa töten, Ihr Narren?"* Der Mann erschrak und konnte die Stimme zuerst nicht einordnen, dachte schon, seine Todesangst würde seinen Sinnen einen Streich spielen. Trotzdem begriff er, dass das Wesen irgendwie mit ihm auf gedanklicher Ebene in Kontakt stand. Er war allerdings zu verängstigt, als dass er einen klaren Gedanken fassen konnte um dem Ungeheuer zu antworten. *„Ist auch egal, nun seid ihr hier und es Pech für Euch, dass Ihr mich gefunden habt. Wisst Ihr denn nicht, dass man nicht in fremde Leute Ihrer Häuser einsteigt?"* Das Wesen, welches einmal der Diener Brutus gewesen war, sprach nicht. Es kam langsam und schwerfällig, mit blubbernden Geräuschen auf ihn zu. Die kleinen, knopfförmigen, schwarzen Reptilaugen starrten ihn eiskalt an. Nein, er konnte sich nicht darauf verlassen, dass dieses Ungeheuer ihn verschonen würde. Es würde ihn einfach bei lebendigem Leibe auffressen. *„Deine Augen, gib her"*, forderte die Stimme in seinem Kopf. Der Mann wollte gerade etwas ängstlich erwidern, da schossen die Tentakel des Wesens, die einmal menschliche Hände gewesen waren, nach vorne und bohrten sich in seine Augäpfel und fingen an zu saugen. Die Dunkelheit umgab ihn und als er anfing zu schreien, schossen die Tentakel in seinen Mund und umschlossen seine Zunge, saugten und rissen sie schließlich aus einem Mund heraus. Langsam glitten die Tentakel unter das Hemd, was er trug und bohrten sich in seinen Unterleib.

Als Brutus fertig gegessen hatte, war er zwar gesättigt, allerdings nicht zufrieden. Er verspürte immer noch diesen Heißhunger. Es war ein quälendes, schmerzhaftes, ja fast zum verrückt werdendes Gefühl. Sein ganzes Empfinden, so schien es, war darauf ausgerichtet, diesen Hunger zu stillen. Die beiden Wächter, die gekommen waren, um ihn zu entführen, waren ein Geschenk, welches ihm wahrlich wohltat und die ersten Anzeichen dieses quälenden Gefühls ein wenig dämpften, aber es war noch lange nicht alles. Es gab noch so viel zu essen und er hatte einen schier unstillbaren Appetit. Er hatte den Körper des Mannes bis zum scheinbar letzten Tropfen ausgesaugt, danach war er zum anderen Körper, welcher bereits leblos am Boden lag, gegangen und hatte hier angefangen, zu saugen. Aber dieser Körper schmeckte überhaupt nicht. Lag es daran, dass dieser Körper bereits tot war? Brutus wusste es nicht. Seit seiner Verwandlung schien es ihm immer schwerer, einen klaren Gedanken zu fassen. Mehr und mehr nahmen seine Instinkte die Oberhand und er musste sich wohl oder übel auf diese verlassen. So registrierte er zumindest, das menschliches Blut ihm guttat, wenn der Körper noch lebte und der Kreislauf, wenn auch nur halbherzig, noch am pulsieren war. Angewidert ließ er von dem leblosen Körper ab und versuchte, seine Situation zu begreifen. Was war aus ihm geworden und wie sollte es jetzt weitergehen? Wo sollte er hin und was sollte er essen, ohne irgendwann gefasst zu werden? Das schlimmste war, dass er, sobald er einen klaren Gedankengang zu fassen bekam, dieser sofort wieder abschweifte und sich auf ein Thema verlagerte: Essen. Und da war noch etwas Anderes: Vermehren. Ja, das ebenso. Brutus wollte sich vermehren. Die Instinkte, die ihn leiteten, reduzierten sich auf Essen und Paarung. Und dann, tief unter seinen Instinkten vergraben, wo noch eine restliche Spur menschlicher Intelligenz vorhanden war, sagte eine Stimme zu ihm, dass er an diesem Ort nicht bleiben konnte. Das hier, das Heilige Reich, war nicht länger sein Zuhause. Er musste jetzt nach Norden. Er wusste nicht mehr genau, wie das Volk hieß, wo er hinwollte, aber das spielte auch keine Rolle. Es war eine Gesellschaft, in der er zuhause war. Sie lag weit im Norden und er konnte sie spüren, wie sie nach ihm verlangten. Er schlich zur Tür, seine Augen konnten mittlerweile so gut in der Dunkelheit sehen, dass er sich mühelos im Haus zurechtfand. Er stieg durch die kaputte Haustür und umarmte die Nacht. Sie war kalt, sie war rein, sie war gut. Gierig sog er die kalte Luft ein, vergrub sich in den leichten Wind, der ihn von überall her zu umwehen schien und streckte den Kopf in die Luft. Ja, die Nacht war voll von Essen, er konnte Menschen reichen. Sie waren vielleicht kilometerweit von ihm entfernt, aber er roch sie. Er musste sich nur auf seinen neu ausgeprägten Geruchssinn verlassen und diesem folgen. Die Dunkelheit würde ihn schützen, er war jetzt ein Teil dieser Dunkelheit. Plötzlich hörte er Stimmen auf dem Gehweg, sie waren noch weit weg, aber sein geschärfter Verstand, dieser Instinkt, der alle bisherigen Überlegungen in so einem Fall obsiegte, verriet ihm nur ein einziges Wort. Gefahr! Er schlich über den Gehweg, taumelte durch Büsche und Dornen, fand schließlich den Entwässerungsgraben, der parallel zur Gehweg entlanglief. In der Gewissheit, dass niemand ihm in diesen Graben folgen würde, er konnte sich nicht ausmalen, warum nicht, er wusste es einfach, streckte er seine beiden Arme aus und ließ sich vornüber in den Graben fallen. Er fiel, er rollte die Böschung hinunter, genoss den Fall und störte sich nicht an den Dornen und Büschen, die seine schuppige Haut zerkratzten. Mit einem dumpfen Plumpsen landete er im Abwasser, welches durch den Graben floss. Er tauchte unter, gelangte wieder an die Oberfläche und verharrte eine Weile. Er genoss die stinkende Kloake, saugte gierig eine Ratte ein, die sich vor ihm in Sicherheit zu bringen versuchte und stakte langsam und ruhig durch den Abwassergraben, dorthin, wo er die Menschen roch. Dorthin, wo es Essen gab. Dorthin, wo er sich paaren würde. Er stakte weiter durch das warme Abwasser, schluckte von der Brühe, seine Tentakel glitten durch den Schlamm am Boden und irgendwann hielt er inne. Er war jetzt nahe an den Stimmen. Er hörte die stimmen lachen, konnte aber die nicht einordnen, was das zu bedeuten hatte, wusste aber, dass sich die Menschen in Sicherheit wiegten. Das konnte für ihn nur gut sein, war er doch auf leichte Beute angewiesen. Er schwamm zur Böschung, seine Tentakel an den Händen griffen nach den Gräsern und bohrten sich in den schlammigen Boden unter ihnen. Langsam zog er sich hoch, Stück für Stück, Zentimeter für Zentimeter kam er der Oberfläche, wo die Stimmen waren, näher. Er hörte weibliche Stimmen, die Gier in ihm wuchs, er zog sich schneller hoch und musste sich beherrschen, nicht laut zu röcheln, versuchte, einen Schrei zu unterdrücken, zog sich weiter, bis er den Grabenrand erreichte. Er blieb liegen, wartete, bis er wusste, dass ihn niemand entdeckt hatte. Dann hob er langsam den Kopf, konnte aber noch nichts sehen, die Büsche verdeckten seine Sicht zu den Stimmen. Langsam robbte er sich vorwärts, streckte die Tentakel aus und zog sich weiter, bis er unter den Büschen lag und weiter vorne die Straße erblicken konnte. Langsam, ganz langsam, fast in Zeitlupe, zog er sich vorwärts. Direkt auf die weiblichen Stimmen zu.

Die schwarze Hütte II

Wenn man sich heutzutage vom damaligen Inwald weiter nach Norden begeben würde und den beschwerlichen Pfad durch den Wald in Richtung Gebirge geht, kommt man an eine Stelle, wo früher Menschen verschwunden sind. In diesem Wald gibt es eine Lichtung, vor der früher die Bauern und Waldarbeiter immer gewarnt haben. Einige von ihnen, die sich in die Nähe dieser Lichtung gewagt haben, kehrten nie wieder zu ihren Familien zurück. Lange haben sie gerätselt, was dort passiert, was der Ursprung dieses Mysteriums war, konnten allerdings keine Antwort finden. Es war jedenfalls so, dass man zu einer bestimmten Jahreszeit, an einem bestimmten Tag im Jahr, eine schwarze Hütte sehen würde, die einen anlockt und sofern man diese betritt, war man verloren. Man konnte allerdings keine Vorhersagungen machen, man konnte auch nicht berechnen, wann und zu welcher Uhrzeit die Hütte auftaucht. Als im Jahr 1836 ein Forscherteam sich auf den Weg machte und monatelang im Wald ausharrte, um diese Hütte zu finden, fanden sie nichts und kehrten mit leeren Händen zurück. Im Jahr 1913 verschwanden wieder Menschen im Wald, darunter eine junge Frau, die im siebten Monat schwanger war. Da man keine Erklärung fand, mied man den Ort ganz einfach und nach und nach geriet die Geschichte in Vergessenheit. Der einzige Mensch, der über die Zusammenhänge der schwarzen Hütte und die des schwarzen Tods Bescheid wusste, war der Doppelgänger von Viktor. Demnach zufolge hatte die Hütte einen einfachen, natürlichen Ursprung, genauso die rätselhafte Krankheit, die ganz Inwald entvölkerte. Allerdings waren die Menschen damals, zur Zeit des Heiligen Reiches sehr abergläubisch und man konnte nicht genau sagen, was nun wissenschaftlich nachweisbar, oder was reine Einbildung gewesen war. Da nur wenige Menschen die Geschichte von

Inwald kennen, spielt es vermutlich auch keine Rolle. Anfang des 19. Jahrhundert gingen Forscher auf eine Reise von Inwald hoch ins Gebirge und fanden an einer Stelle Sachen unter der Erde, die darauf schließen lassen, das dort einmal ein Ort unter Tage gewesen sein muss. Sie fanden Essbesteck, Waffen und allerlei Werkzeuge, die man früher zum Überleben brauchte. Sie fanden auch menschliche Überreste von Kindern. Nachdem sie diese näher untersucht hatten, stellten sie fest, dass diese Menschen zu Lebzeiten starke Missbildungen gehabt haben mussten. Die Untersuchungen haben weiter ergeben, dass dort eine erhöhte radioaktive Strahlung freigesetzt wurde, denen die Menschen ausgesetzt waren. Das mag der Grund sein, warum sie unter der Erde lebten. Vermutlich konnten sich die Menschen damals die Todesfälle nicht erklären und gingen unter die Erde, um sich zu schützen. Aber eines ist sicher: die tragische Figur des Dieners gab es wirklich. Er hatte eine Schwester, die sehr wohlhabend war und im heutigen England lebte. Die beiden pflegten schon damals einen regelmäßigen Briefverkehr und tauschten sich über ihr Leben aus. Die Nachfahren der Schwester leben heute in ganz Europa verstreut, einer von ihnen in Deutschland. Noch heute pflegen die Nachkommen engen Kontakt und sie besitzen ein Ahnenbuch, welches sie pflegen und stets aktualisieren. Als ich vor dreißig Jahren meine Nachforschungen über das geheimnisvolle Inwald beendete, stieß ich auf einen jungen Mann, der zu dieser Ahnenreihe gehörte. Bedauerlicherweise starb dieser Mann an den Folgen eines Autounfalls, so konnte er mir das Ahnenbuch nicht zeigen. Allerdings versicherte er mir am Telefon, dass der Briefverkehr zwischen Brutus und seiner Schwester dokumentiert ist und sich im Ahnenbuch befindet. Aber zurück zur Geschichte:

Würde ein Wanderer zu dieser Uhrzeit sich im Wald

verirren und auf die besagte Lichtung zulaufen, würde er nichts entdecken, außer Grillen, die in der Nacht ihr Konzert gaben. Die Hütte versschwand ebenso schnell, wie sie erschienen war. Drinnen, in dieser Hütte, waren verschiedene Räume, die durch schwere, rote Vorhänge geteilt waren. In einem dieser Räume saß nun Viktor und unterhielt sich mit seinem Doppelgänger. Er hatte bereits soviel verstanden, dass er selbst bereits gestorben war und diese Hütte, in die er sich befand, eine Art Übergang sein musste. Eine Art Wartehalle. Ebenso verstand er nach und nach, dass sein bisheriges Glaubensfundament eine Lüge war und er scheinbar nur ein kleines Teil in einem großen Ganzen war. Langsam sickerten die Worte in sein Bewusstsein. „Was passiert weiter mit mir, jetzt, wo ich angeblich tot bin", wollte er wissen. Sein Gegenüber lächelte. „Das darf ich Dir leider nicht verraten, du wirst es schon noch miterleben." Und dann sah er Viktor an und fing an zu lachen. Es war ein lautes, hallendes Lachen. Viktor sah ihn überrascht an, dann stimmte er mit in das Lachen ein. Die beiden Männer hielten sich an den Schultern fest, wie alte Schulfreunde und Viktor lachte aus ganzem Herzen. Und die brutale, schonungslose Dunkelheit des Wahnsinns überkam ihn.

Draußen, außerhalb der Hütte, tief in den Wäldern von Inwald, wurde es plötzlich totenstill. Die Grillen hörten ihr zirpen auf und sämtliche nachtaktiven Tiere schienen auf einmal wie ausgestorben zu sein. Auch der leichte Wind, der sanft durch die Bäume strich und die Kiefernnadeln bewegte, wurde schwächer und ebbte schließlich ganz ab. Würde ein Mensch sich hier aufhalten, würde ihm der Mond auf einmal viel heller vorkommen. Es war ein großer, runder Vollmond und in dieser Nacht war er besonders hell. Auch hätte er das Gefühl, dass die Luft dichter zu werden schien und das Atmen würde ihm schwerer fallen. Allerdings nur für einen kurzen Moment. Mitten auf dieser besagten Lichtung schien es, als würde die Luft anfangen, sich zu teilen, was man vermutlich auf ein Gewitter zurückführen würde, welches sich ankündigte. Dem widersprach allerdings, dass der Mond so hell war und der Himmel sternenklar war. So blieb einem vermeintlichen Wanderer nichts anderes übrig, als dieses Naturschauspiel zu bestaunen. Ein wenig später würde dieser Wanderer auf eine kleine schwarze Hütte stoßen, die vorher noch nicht dagewesen war. Er würde sich einreden wollen, dass er die Hütte vermutlich nicht gesehen hat, was ja aufgrund der Schwärze, die diese Hütte anhaftete, nicht weiter verwunderlich war. Jedenfalls stand nun diese Hütte dort, es gab einige Fenster, aus denen Licht herausschien, als würde ganz normal dort jemand wohnen. Auf der einen Seite der Hütte gab es eine Tür, ohne Türknauf, als wolle man nicht, dass jemand eintreten kann. Neben dieser Hütte stand eine junge Frau, mit zwei Pferden, als würde sie die Ankunft der Hütte nicht im Geringsten stören. Dass sie zwei Pferde dabei hatte, war der Tatsache geschuldet, dass der Besitzer des einen Pferdes in die Hütte gegangen war und seitdem nicht wieder gesehen war. Doch plötzlich öffnete sich die schwere Holztür und ein Ritter kam heraus. Er blieb einen Moment an der Schwelle stehen, schien verwirrt zu sein, als müsse er sich orientieren und ging dann auf die Frau zu. Schweigend und ohne ein Wort der Begrüßung übergab die Frau dem Ritter das Pferd. Dann kehrten sie um, gingen schweigend hintereinander den Waldpfad zurück und stiegen erst auf die Pferde, als der Weg breit genug wurde. Im schnellen Reittempo verließen sie den Wald und ritten zurück nach Inwald.

Tod über der Stadt II

Sie ritten die ganze Zeit über, ohne Wort miteinander zu wechseln. Sie schienen auch nicht schlafen zu müssen, oder hungrig zu sein. Sie ließen Inwald hinter sich und nahmen den Weg ins Heilige Reich auf. Auf dem Weg dorthin, kamen sie durch eine alte, fast verlassene Stadt. Der Ritter wusste um diese Stadt. Hexen waren hier am Werk und alte Flüche schienen sich hier zu manifestieren. Sie ritten durch den Ort, ohne Halt zu machen. Mit dem Ritter war die junge Frau unterwegs. Ihr entstelltes Gesicht, welches vorher noch vom schwarzen Tod gekennzeichnet war, sah nun wesentlich besser aus und je weiter weg sie sich von Inwald bewegten, desto schneller heilte ihre Haut und umso makelloser wurde ihr Teint. Obwohl der Ritter und die Frau diesen Weg noch nie geritten waren, kannten sie sich aus und bewegten sich sicher und ohne Pause machen zu müssen, durch die Nacht. Mittlerweile brach der Morgen an und die Sonne kam blutrot am Horizont zum Vorschein. Nach weiteren drei Stunden, die sie schweigend ritten, kamen sie zu einem Fluss, den sie überqueren mussten. Zielsicher ritten sie langsam durch das Wasser und gelangten an das andere Ende des Ufers. Als der Ritter als erstes das Ufer erreichte, wartete er auf die Frau, die noch im Wasser war und ihr Pferd durch die langsame Strömung führte. Als sich der Ritter umsah, nahm er eine Gestalt war, die seitlich von ihm sich bewegte und ihn zu beobachten schien. Diese Gestalt hatte keine nennenswerten menschlichen Züge mehr an sich. Lange Tentakel wuchsen auf seinem Kopf und die Hände Wesens waren unnatürlich lang, als hätten sie sich ebenso zu Tentakeln entwickelt. Das Wesen starrte den Ritter an, bewegte sich aber nicht. Beide starrten jeweils in die Augen des Anderen, als plötzlich zwei Kinder aus dem Unterholz kamen, es waren ein Mädchen und ein Junge, beide waren missgebildet, das Wesen an die Hand nahmen und kurze Zeit später im Unterholz verschwanden. Endlich erschien auch die Frau neben ihm und beide nahmen die Fährte ins Heilige Reich wieder auf. Mittlerweile war es Mittagszeit, doch weder der Mann, noch die frau verspürten Hunger. Sie tranken lediglich während des Reitens aus den Wasserschläuchen und setzten unbeirrbar ihre Reise fort. Schließlich, es war schon spät am Nachmittag und die Sonne stand senkrecht am Himmel, erreichten sie die Grenzen des Reiches. Plötzlich sprach die Frau: „Gehen wir direkt zum König?" Der Mann drehte sich zu ihr um. „So ist es", sagte er nur und beide setzten schweigend den Weg zum Königspalast fort. Als sie schließlich den Palast erreichten und vor den Wachen standen, rief der Ritter den Männern zu: „Verkündet dem König, dass sein Ritter Viktor Damien zurück aus Inwald gekommen ist, um seinen Bericht abzuliefern." Einer der Wachen lief sofort los und kam kurze zeit später wieder zurück. „Der König erwartet Euch!" rief er nur und die Männer öffneten das Tor. Sie führten sie durch das Tor, hinaus auf den Hof, wo sie von den Pferden abstiegen und auf den König warteten. Schließlich kam er, in Begleitung seines persönlichen Angestellten. Als Viktor den König das letzte Mal sah, das war kurz vor seiner Abreise, war dieser ein Mann mittleren Alters, mittlerweile war der König ein alter Mann, sein Haar war grau, das Gesicht wirkte eingefallen und seine Haltung war gebückt, als wäre er krank und gebrechlich. Als der König Viktor sah, hellte sich sein Gesicht auf. „Mein lieber Viktor", rief er ihm zu. „Über zehn Jahre sind jetzt vergangen, ich dachte Du wärst tot. Lass Dich anschauen, Du bist unverändert. Das muss an der guten Luft in Inwald liegen." Der König lachte und sprach weiter. „Aber genug gescherzt. Sprich, wer ist Deine reizende Begleiterin?" „Sie ist meine Gefährtin", sprach Viktor kurz und knapp. „Sie ist eine der wenigen Menschen, die den schwarzen Tod in Inwald überlebt haben. Sie hat mir geholfen und ihr gebührt mein Dank". „Dann lasst uns reden", meinte der König. „Ihr seid heute meine Gäste, es soll Euch an nichts fehlen, bleibt einfach, solange ihr wollt." „Das ist sehr freundlich", erwiderte Viktor, während die Frau sich verneigte. „Aber morgen werden wir weiterreiten müssen, also lasst uns irgendwo hinsetzen, wo wir ungestört sind, wir haben eine Menge zu berichten." „In Ordnung", sagte der König. „Deine Gefährtin kann sich in den Gemächern ausruhen und frisch machen, später essen wir gemeinsam."

Die Frau nickte dankend und ließ sich von den Angestellten des Königs in den Palast führen. Der König führte den Ritter in den Schlossgarten, wo man ihnen Wein und Essen brachte. Der König fing an zu erzählen, von dem schrecklichen Missverständnis, welches zu dem Tod von Viktors Frau geführt hat, so wie eine Vielzahl von schrecklichen Ereignissen. Zuletzt wurde eine Frau von einem Dämon vergewaltigt, woraufhin die Frau schwanger wurde. Als sie sah, dass das Kind selbst ein Monster war, ertränkten es die Hebammen in einem Wassereimer und vergruben es im Wald. Die Ärmste jedoch, nahm sich daraufhin das Leben, in dem sie sich selbst ein Kruzifix um den Hals hängte und aus dem Dachfenster des Kirchenturms sprang. Wochenlang hatten die Soldaten nach dem Dämon gesucht, sogar die Abwasserkanäle hatten sie durchforstet, aber es war nicht mehr aufzufinden gewesen. Wie dieses Monster in die Stadt gefunden hatte und was es hier wollte, war ebenso ein Rätsel. Der König hatte daraufhin veranlasst, dass die Frauen nur noch in männlicher Begleitung vor die Tür gehen sollen. Der Ritter hörte mit Geduld zu. Als der König von dem Tod seiner Frau sprach, verzog Viktor keine Miene und meinte nur: „Ja, ich habe davon gehört." Endlich fing Viktor an zu erzählen. Er erzählte von der Reise nach Inwald, seine Begegnungen mit den Nachkommen der Thyr, von seiner Bekanntschaft mit den Überlebenden in Inwald und von der schwarzen Hütte. „Dort liegt das Zentrum der Seuche", meinte er abschließend. „Ich glaube jedoch nicht, dass die Hütte jemals wieder auftaucht, ebenso wenig wird sie jemals gefunden werden." „Wie kommst Du darauf?" fragte der König, leicht misstrauisch. „Nun", sagte Viktor, „sie hat einfach ihre Bestimmung erfahren und das Kapitel abgeschlossen. Ich verstehe es selbst nicht so ganz. Aber glaub mir, die Hütte ist verschwunden und das bleibt sie auch." Dann bleib jetzt bei mir", forderte der König ihn auf. „Ich brauche mutige Männer wie Dich. Es ist viel passiert in den letzten Jahren. Das Heilige Reich steht mit den südlichen Nachbarländern im Krieg und ich kann jemanden wie Dich gebrauchen." „Danke, aber ich habe kein Interesse. Ich bedanke mich für Deine Gastfreundschaft, würde mich jetzt gerne ein Wenig ausruhen und morgen werden wir weiterreiten. Mich hält hier nichts mehr und nun, wo meine Familie nicht mehr da ist, gibt es erst recht keinen Grund mehr, hier zu sein." „Wie Du wünschst", seufzte der König. „Dann lass mich Dir Dein Zimmer zeigen, damit Du Dich ausruhen kannst. Danach werden wir gemeinsam essen." Die beiden Männer gingen in das Schloss und der König führte ihn in das Schlafgemach, was bereits vorbereitet wurde. „Es ist alles vorbereitet", sagte der König. „Ich nehme an, dass Deine Gefährtin bei Dir übernachten wird, sollte es an etwas fehlen, zögere nicht, danach zu bitten." Viktor bedankte sich und ging ins Schlafzimmer, wo die junge Frau bereits auf ihn wartete. Der Ritter kannte immer noch nicht ihren Namen und es war ihm auch gleichgültig. Er hatte dem König nicht alles erzählt, einige Sachen hatte er bewusst verschwiegen, um keine Schwierigkeiten zu bekommen. Er schloss die Schlafzimmertür und ging an das Fenster, von welchem man auf den Schlossgarten herabschauen konnte. Er beobachtete den Gärtner, welcher die Blumen bewässerte, sah, wie eine ältere Dame Obst davontrug und er sah kleine Kinder auf dem großzügig angelegten Rasen spielen. Die Frau trat neben ihn und schaute ebenfalls aus dem Fenster. Schweigend standen sie da und beobachteten das Treiben im Garten. Als sie schweigend ihre Hand in die seine schob, umfasste er sie und drückte sanft ihre Hand. Er sagte nichts, als Würmer aus ihrem Mund fielen und sich auf dem

Zimmerboden verteilten. Sie sagte auch nichts, als schwarze Würmer aus seinem Haar fielen. Die Würmer krochen über den Boden, versteckten sich unter das Bett, oder verteilten sich im Rest des Raumes. Mittlerweile fielen auch Würmer aus seinem Hemdärmel und verschwanden im Schlafzimmer. Er ließ ihre Hand los, sie sah ihn an und lächelte liebevoll, wobei weitere Würmer aus ihrem Mund fielen. Sie drehten sich um und verließen den Raum. Es war an der Zeit, weiterzureiten.

Ende

Romowe . Der Verlag – Buchempfehlungen

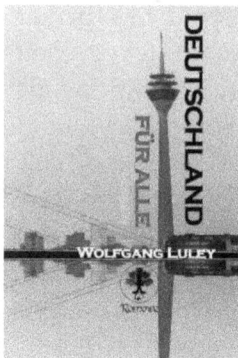

Wolfgang Luley – Deutschland für alle, die es hassen

ISBN 9783946557

Mit wenigen Worten viel erreichen? Mancher Satz, von Wolfgang Luley Werk "Deutschland - für alle die es hassen", kommt leicht daher und ist tiefgründiger als erwartet.

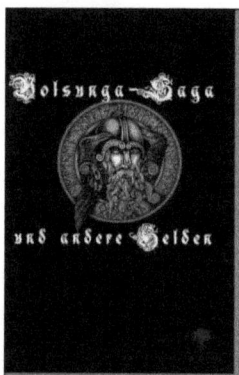

Hagen Ernst – Volsunga-Saga und andere Helden

ISBN 9781517618674

Tauchen Sie ein, in eine uns bekannte und doch so ferne Welt. In die Welt des Nordens, in die Welt der altdeutschen Sagen. In die Welt der Menschen und Götter. In die Welt unserer Vorfahren und Geschichtenerzähler. In die Welt der Helden. Geschichten, einst weitergereicht von Mund zu Mund, die uns erzählen von Neid, von Missgunst, von Verrat, von Gewalt und von Liebe. Von Treue und Eide. Von Krieg und Friede, von Macht und Armut. In die Welt von einst! In unsere Welt! Denn es ist auch die Welt der Weisheit und Weisheiten, die Welt des Glaubens, Hoffens und die Welt des Wissens. Die Welt der Demut und der Rache, die Welt der Menschen.

Es ist die Welt in der Frauen sich rächen, Männer kämpfen und aus Kindern Helden werden.

Weitere Bücher auf www.romowe.de

Über den Autor

Der Lüneburger Kim Falkenberg veröffentlichte bereits im Vorfeld einige E-Books mit Kurzgeschichten, stellte seine – teilweise bizarren – Geschichten auf Internetplattformen sein. Die Leser jener Geschichten waren immer wieder auf das neue gespannt: Wie würde er dieses mal mit den Wirren des Lebens, den Wirren der Gedanken umgehen?
Das vorliegende Buch Inwald zeugt einmal mehr von der Wandlung seiner Protagonisten.

Über den Verlag

Romowe, 2013 gegründet als Kleinst-Autoren-Verlag, produziert Schriften unterschiedlicher Couleur. Dazu gehören Bücher und Zeitschriften, Internetauftritte und Veranstaltungen die sich der Geschichte, der Moderne, der Kultur, der Politik, der Tradition und dem Neuen widmen. Zusätzlich bietet Romowe nach 5jähriger Präsenz Dinge zum Leben. Denn Lesen und Leben gehören für uns zusammen.
Eines vereint alle Sparten des Romowe-Konzeptes: Alle Mitstreiter verpflichten sich dem Erhalt der freien Meinungskultur. Wir sind überzeugt, dass nur eine freie Meinungsbildung, fernab von Dogmen, zu einer echten Meinungsfreiheit führen kann.

Romowe. Der Verlag

www.ingramcontent.com/pod-product-compliance
Lightning Source LLC
Chambersburg PA
CBHW052003090426
42741CB00008B/1524